Lorenzo Valla
Über den freien Willen

# Humanistische Bibliothek
## Texte und Abhandlungen

Herausgegeben von
Ernesto Grassi
Eckhard Keßler

Redaktion
Hanna-Barbara Gerl

In Verbindung mit

Centro Italiano di Studi Umanistici e Filosofici
Center for Medieval and Renaissance Studies
of Barnard College, Columbia University
Institute for Vico Studies, New York

Reihe II · Texte
Band 16

Lorenzo Valla

# Über den freien Willen
## De libero arbitrio

lateinisch-deutsche Ausgabe
herausgegeben, übersetzt und
eingeleitet von
Eckhard Keßler

Wilhelm Fink Verlag

ISBN 3-7705-1760-1
© 1987 Wilhelm Fink Verlag, München
Satz: SatzStudio Pfeifer, Germering
Druck: Weihert-Druck, Darmstadt
Bindung: Graph. Betriebe F. Schöningh, Paderborn

ERNESTO GRASSI

MAGISTRO ET AMICO
ANNUM
OCTOGESIMUM QUINTUM
COMPLETURO
D. D.

# INHALTSVERZEICHNIS

*Einleitung*

| | | |
|---|---|---:|
| I. | Das Problem | 9 |
| II. | Die Wirkungsgeschichte von Vallas Dialog | 11 |
| III. | Die Krise des späten Mittelalters | 17 |
| IV. | Humanismus und spätes Mittelalter | 22 |
| V. | Vallas Leben | 24 |
| VI. | Vallas philologisch-historische Tätigkeit | 25 |
| VII. | Vallas Theorie der Sprache und der Wissenschaft | 29 |
| VIII. | Vallas Moralphilosophie | 37 |
| IX. | Die Schrift über den freien Willen | 41 |
| X. | Zur Textgestaltung | 50 |

Text und Übersetzung
*De libero arbitrio* – Über den freien Willen .............. 53

*Bibliographie* ................................. 149

# EINLEITUNG

## I. Das Problem

Daß der Wille des Menschen frei ist, daß, was immer der Mensch tut oder nicht tut, ungeachtet aller äußeren und inneren Bedingungen und Zwänge, letztlich davon abhängt, wie er sich zwischen den ihm zugänglichen Handlungsmöglichkeiten entscheidet, ist eine Erfahrung, die jeder macht, der sich über die Beweggründe seines Tuns und Lassens Rechenschaft zu geben versucht — zumindest, wenn dies im voraus geschieht und nicht im nachhinein der Beschaffung einer willkommenen Entschuldigung dient. Auf dieser Erfahrung gründet das Bedürfnis nach Normen und Handlungsorientierung, diesem Bedürfnis versuchen Ethik und Moral, Recht und Gesetz zu genügen; Schuld und Sühne, Strafe und Belohnung verlören ohne diese Erfahrung ihre Legitimität.

Aber alle diese Bemühungen, die Freiheit unserer Entscheidungen aus der Unverbindlichkeit des Beliebigen herauszuführen und ihr einen Sinn zu geben, sind vergeblich, wenn wir nicht die Existenz absoluter, unserer Freiheit entrückter Normen voraussetzen können; alles Planen menschlichen Handelns stößt ins Leere, wenn wir nicht davon ausgehen können, daß der Welt der Freiheit eine Welt der Notwendigkeit gegenübersteht, in der gleiche Ursachen gleiche Wirkungen haben und in die hinein handelnd der Mensch die Konsequenzen seines Tuns vorherzusehen vermag. So zeigt die Erfahrung, daß der Mensch, um sich als handelndes und lebendes Wesen in dieser Welt verstehen zu können, weder auf Freiheit noch auf Notwendigkeit verzichten kann.

Den Widerspruch, der darin liegt, die Welt als Ganzes zugleich als notwendig und kontingent, als determiniert und der Freiheit offen denken zu müssen, hat Kant als „Antinomie der reinen Vernunft" formuliert[1] und ihm damit den Charakter eines transzendentalen, unser Denken begründenden „Widerstreites" verliehen, den der Geist des Menschen nicht aufzulösen, sondern zu ertragen hat. Wenn dennoch und gerade in den Jahrhunderten nach Kant bis in unsere Tage das Problem der Freiheit unter unterschiedlichen Akzentsetzungen eine philosophische Hochkonjunktur erlebte[2], dann spricht dies nicht nur für die intellektuelle Provokation, die von der Verkündigung transzendentaler Unlösbarkeit ausgeht, sondern auch für die Unfähigkeit des Menschen als empirisches Wesen, einen solchen für

---

1 Kant (1787) 472 ff.
2 Vgl. Spaemann u.a. (1972) Sp. 1064–1098.

sein Selbst- und Weltverständnis zentralen Widerspruch auszuhalten, und die Notwendigkeit, in wechselnden Kontexten eine diesen angemessene, Leben ermöglichende Lösung zu versuchen.

Vor dem Hintergrund der kantischen Festschreibung des Widerspruchs von Freiheit und Notwendigkeit als Antinomie der reinen Vernunft erhält daher die philosophische Arbeit an diesem Problem den Charakter einer unendlichen Aufgabe, deren Ziel es nicht sein kann, die endgültige Lösung zu sichern, sondern Lösungsmöglichkeiten zu entwickeln, deren Gültigkeit gebunden ist an die nicht argumentativ erzwingbare, sondern existenziell einzulösende Annahme ihrer Prämissen. Dabei wird die skeptische Resignation, die sich über solche philosophische Arbeit auszubreiten scheint, aufgewogen durch die Öffnung des Horizontes, in dem dem Fragenden nicht mehr, wie Erasmus dem Dogmatiker vorwirft, nach Art eines verliebten Jünglings nur das sichtbar wird, was er liebt[3], sondern die ganze Fülle auch der ihm fremden Realitäten, die darum, weil sie fremd sind, nicht weniger real, und darum, weil sie, wie im Falle von Vallas Schrift, in vergangenen Jahrhunderten reflektiert wurden, nicht weniger bedenkenswert sind.

---

3 Erasmus (1962) Bd. IX, 1215: „sicut iuvenes, qui puellam amant immoderatius, quocumque se vertunt, imaginantur se videre quod amant".

*II. Die Wirkungsgeschichte von Vallas Dialog*

Lorenzo Vallas Dialog über den freien Willen, der hier zum ersten Mal in deutscher Übersetzung zugänglich gemacht wird, kann offenbar für sich in Anspruch nehmen, die erste Monographie der Renaissance zur Willensproblematik zu sein[4]. Wenn schon dies dem Werk Vallas eine gewisse Sonderstellung zumindest in der Renaissance-Philosophie einräumt, so wird seine Bedeutung noch erhöht durch die wechselvolle Wirkungs- und Rezeptionsgeschichte, die ihm bis zum heutigen Tag widerfahren ist.

Obwohl Vallas Argumentation bei seinen Zeitgenossen und der ihm unmittelbar folgenden Generation keine bisher nachweisbaren Spuren hinterlassen hat, stieß sie offensichtlich auf ein nicht eben geringes Interesse, wie z.B. die Existenz dreier Abschriften, der ersten aus dem Jahr 1461, vier Jahre nach Vallas Tod, der letzten, von Hartmann Schedel, aus dem Jahr 1481, in der Bayerischen Staatsbibliothek zu bezeugen scheint[5] und mehr noch die Tatsache, daß schon vor der Ausgabe der Werke Vallas, Basel 1540, zwischen 1473 und 1526, sechs Druckausgaben des Dialogs erschienen waren. Wenn die Druckorte aller dieser Ausgaben nördlich der Alpen lagen[6], dann ist dies sicherlich kein Zufall, sondern weist darauf hin, daß hier, wo der Humanismus mit zeitlicher Verzögerung gerade erst rezipiert und schon bald in die Ereignisse und geistigen Auseinandersetzungen der Reformation verwickelt wurde, Vallas Schrift eine besondere Beachtung zuteil wurde.

Dies wird manifest im Augenblick, in dem Erasmus, von seiner Umwelt gedrängt, eindeutig gegen Luther Stellung zu nehmen, im Jahre 1524 seine *De libero arbitrio diatribe sive collatio* schreibt, unter Berufung auf die Bibel und die kirchliche Tradition, die Vernunft und philosophische Autoritäten den freien Willen verteidigt und Luther als Leugner der Willensfreiheit allein die Manichäer, Johannes Wicliff und Lorenzo Valla an die Seite stellt, der allerdings in theologischen Fragen nicht gerade eine Autorität sei[7].

Damit ist Vallas Position in der Willensfrage zunächst einmal festgeschrieben und festgeschrieben ist auch, als wessen Parteigänger er

---

4 Trinkaus (1949) 59.
5 Valla (1934) 55 f.
6 Valla (1983) 18; Fois (1969) 642. Die Druckorte sind Köln (?) (1473); Louvain (1483); Wien (1516); Basel (1518); Straßburg (1522); Basel (1526).
7 Erasmus (1962) Bd. IX, 1218: „A temporibus Apostolorum ad hunc usque diem, nullus adhuc Scriptor exstitit, qui in totum tolleret vim Liberi Arbitrii, praeter unum Manichaeum et Ioannem Wiclivum. Nam Laurentii Vallae qui propemodum videtur cum his sentire, auctoritas non multum habet aqud Theologos ponderis". Vgl. Huizinga (1928) 170 ff.

zu gelten hat und wer sich auf ihn berufen kann oder gegen ihn zu argumentieren hat. Luther jedenfalls läßt sich des Erasmus Valla-Verständnis, das diesen neben Wicliff und, wie er Erasmus ergänzend betont, Augustinus, zum Vorläufer seiner Position macht, durchaus gefallen[8] und wird Zeit seines Lebens nicht müde, Valla wegen seiner Schrift über die Willensfreiheit zu loben[9]. Calvin, der mehr als dreißig Jahre später an der Seite Luthers in die Debatte eingreift, gesteht zwar, darin differenzierter als Luther, mit Ersamus, daß die Autorität Vallas in theologischen Fragen generell nicht hoch anzusetzen ist, macht aber diese vorsichtige Distanzierung wieder wett, wenn er ihm in einem besonderen Punkt, nämlich der Einsicht, daß nicht das göttliche Vorherwissen, sondern der göttliche Wille der Freiheit des menschlichen Wollens entgegenstehe, nicht nur zustimmt, sondern auch außergewöhnlichen Scharfsinn bescheinigt[10]. Wenn schließlich Melanchthon Luthers These vom unfreien Willen zu mildern sucht, indem er zwar in der Rechtfertigungsfrage am Ungenügen des menschlichen Wollens festhält, für das Handeln des Menschen in dieser Welt jedoch Freiheit des Willens und vor Gott zu verantwortenden Gebrauch dieser Freiheit fordert, dann muß er sich von dem als genereller Leugner der Willensfreiheit verstandenen Valla distanzieren, und er tut dies, indem er die von Erasmus bereits vollzogene, von Luther aber übergangene Gleichsetzung Vallas mit dem Manichäismus wieder aufnimmt und ihm vorwirft, die christliche Lehre mit stoischem Determinismus kontaminiert zu haben[11].

---

8 Luther (1908) 640: „Ex mea vero parte unus Vuicleff et alter Laurentius Valla, quamquam et Augustinus, quem praeteris, meus totus est".
9 Luther (1912) 109 (Nr. 259): „Laurencius Valla ist der best Walh, den ich mein lebtag gesehn oder erfaren hab. De libero arbitrio bene disputat. Quaesivit simplicitatem in pietate et in literis simul. Erasmus eam tantum in literis quaerit, pietatem ridet". Luther (1913) 107 (Nr. 1470): „Laurentius Valla ist ein fromer man gewesen, purus, simplex, dexter, candidus. Plus fructus fecit, quam omnes Itali unquam fecerunt. Ille vir omnibus modis voluit consulere iuventuti Italicae et cogitavit propagare literas. De libero arbitrio bene disputavit. Is coniunxit pietatem cum literis".
Luther (1919) 333 (Nr. 5729): „Valla mihi placet et est bonus autor et bonus christianus; ego cum summa aviditate legi".
10 Calvin (1931) 400 f. (III, 23,6): „Verum mihi acutius ac prudentius videtur perspexisse Valla, homo alioquin in sacris non admodum exercitatus, qui supervacuam esse hanc contentionem ostendit: quoniam et vita et mors divinae magis voluntatis quam praescientiae sint actiones. Si hominum eventa praevideret Deus duntaxat, non etiam suo arbitrio disponeret et ordinaret, tum non abs re agitaretur quaestio, ecquid ad eorum necessitatem valeat ipsius praevidentia. Sed quum non alia ratione quae futura sunt praevideat, nisi quia ita ut fierent decrevit: frustra de praescientia lis movetur, ubi constat ordinatione potius et nutu omnia evenire".
11 Melanchthon (1846) 157 ff. (De libero arbitrio), jetzt auch Melanchthon (1961) 349 f.: „Est autem non difficilis explicatio amantibus veritatem,

Es ist hier und jetzt nicht der Ort zu untersuchen, ob die von Erasmus initiierte Rezeption Vallas als eines theologisch fragwürdigen Leugners menschlicher Willensfreiheit im Kontext der Reformation der Gestalt des historischen Valla gerecht wird — Tatsache ist, daß sie für das 16. Jahrhundert einleuchtend war und das Schicksal des Dialogs für lange Zeit bestimmte: von 1554 bis zur Reform Leos XIII. im Jahre 1900 befand er sich auf dem Index verbotener Bücher[12] und fand folglich seine Leser, wenn überhaupt, in protestantischen Kreisen.

Einer dieser Leser war Gottfried Wilhelm Leibniz, der bei den Vorarbeiten zu seiner *Theodizee* auf die Auseinandersetzung zwischen Luther und Erasmus und — als deren Folge? — auf den Dialog Vallas stieß und ihn nicht nur „entzückt" zur Kenntnis nahm[13], sondern auch im Schlußteil seines Werkes ausführlich referierte[14]. Auch Leibniz hebt, wie Calvin, nunmehr aber gegen Descartes, als besondere Leistung Vallas hervor, gezeigt zu haben, daß das göttliche Vorherwissen die Freiheit des menschlichen Willens nicht behindert, auch er sieht, wie die Reformatoren, daß Valla damit allerdings noch nicht zu einer Rettung der Willensfreiheit in der Lage ist, da an Stelle des göttlichen Vorherwissens nunmehr der Göttliche Wille bzw., wie Leibniz formuliert, die göttliche Vorsehung diese in Frage stellt, er unterscheidet sich jedoch von seinen Vorgängern dadurch, daß er weder, wie Luther und Calvin, der in Valla gefundenen Leugnung der Willensfreiheit zustimmt, noch, wie Erasmus und Melanchthon, die Kompetenz Vallas für diese Frage in Abrede stellt, sondern vielmehr es unternimmt, eine positive Lösung des Freiheitsproblems, auf die später noch einzugehen sein wird, auf der Grundlage des Valla'schen Ansatzes zu versuchen[15].

---

non disputationum praestigias, ac diligentia necessaria est piis, considerare discrimen Stoicarum opinionum et doctrinae ecclesiasticae, in quam Stoica deliramenta Manichaei et Valla impie transfuderunt".
12 Fois (1969) 637 ff.
13 Leibniz (1968) 25 (Vorrede): „,... da die Gegenstände ernsten Nachdenkens mir genau soviel Freude machten wie die Geschichten und Fabelerzählungen, so war ich entzückt von dem Werke des Laurentius Valla gegen Boethius und der Streitschrift Luthers gegen Erasmus, obgleich ich bald sah, daß manches milder ausgedrückt werden mußte".
14 Leibniz (1968) 401–411 (III, §§ 405–417).
15 Leibniz (1968) 372 f. (III, § 365): „Man braucht gar keine unendliche Erkenntnis, um zu sehen, wie das göttliche Vorherwissen und seine Vorsehung die Freiheit unserer Handlungen bestehen lassen, denn Gott hat sie, so wie sie sind, d.h. frei, in seinen Vorstellungen vorausgesehen. Und wenn auch Laurentius Valla in seinem Dialog gegen Boethius (auf den wir bald näher eingehen werden) sehr gut Freiheit und Voraussicht in Einklang zu bringen unternimmt, wagt er doch nicht zu hoffen, auch die Vorsehung mit ihr zu vereinigen. Allein, es liegt hier trotzdem keine weitere Schwierigkeit vor, da der Beschluß, jener Handlung Existenz zu verleihen, ihre Natur gar nicht

So wie Leibniz überhaupt einer der letzten Philosophen gewesen zu sein scheint, der der cartesischen Proklamation eines Neuansatzes der Philosophie nicht blindlings folgte, sondern sich durchaus auch als Erbe der vorcartesischen Renaissance-Philosophie verstand[16], so scheint mit ihm auch die unmittelbare Wirkung und lebendige Rezeption des Valla'schen Dialogs abzubrechen. Erst als im 19. Jahrhundert die Kultur des Humanismus und der Renaissance generell zum Gegenstand historischer Forschung wird[17], erhält auch Vallas Schrift über den freien Willen ihre historische Realität zurück, und wenn sie, aus der Erfahrung der Reformation heraus und wegen ihrer antischolastischen Tendenzen, in protestantischer Tradition vor allem als Zeugnis des humanistischen Antiklerikalismus vorgestellt wird[18], dann wird sie, wie Valla überhaupt, im katholischen Kontext dem humanistischen Paganismus zugerechnet[19] und schließlich sogar in einem Akt der Repatriierung als Vorläufer der Gegenreformation in Anspruch genommen[20]. Auch die im engeren Sinne philosophische Forschung, die von konfessionellen Rücksichten frei ist, scheint nichtsdestoweniger den Interpretationsansätzen des 16. Jahrhunderts verpflichtet zu bleiben.

In der ersten Monographie über Valla im deutschen Sprachraum wird, in Anlehnung an Calvins Akzentsetzung, die schon Leibniz übernommen hatte, der Dialog nur bis zu jenem Punkt referiert, an dem Valla die Vereinbarkeit von göttlichem Vorherwissen und menschlicher Freiheit gezeigt hat. Der zweite Teil, in dem Valla, sich auf Paulus berufend, mit ‚theologischen' Argumenten auch das Problem der Konkurrenz von göttlichem und menschlichem Willen zu

---

    mehr verändert, als es die einfache Erkenntnis von ihr ohne dies tut. Kein Wissen jedoch, wie unendlich es auch sei, kann das göttliche Wissen und seine Vorsehung mit Handlungen vereinigen, die aus einer unbestimmten Ursache hervorgehen, d.h. mit einem chimärischen, unmöglichen Sein. Die Willenshandlungen sind auf zwiefache Weise bestimmt: einmal durch das Vorherwissen und die Vorsehung Gottes, und dann durch die Art der unmittelbar vorangehenden Ursache, die in der seelischen Neigung besteht. Herr Descartes schloß sich hierin den Thomisten an, schrieb aber in seiner gewöhnlichen Behutsamkeit so, daß er nicht mit anderen Theologen zu streiten brauchte".
16 Düring (1954); Schmitt (1966); Meyer (1967); Jasinowski (1972).
17 Der Beginn der historischen Renaissanceforschung ist anzusetzen mit der Veröffentlichung von Georg Voigt, *Die Wiederbelebung des classischen Alterthums oder das erste Jahrhundert des Humanismus* (2 Bde., Berlin 1859, ²1880 u.ö.) und Jacob Burckhardt, *Die Kultur der Renaissance in Italien* (Basel 1860 u.ö.). Vgl. dazu Ferguson (1948); Buck (1969).
18 Voigt (1880) I, 474; II, 481.
19 Pastor (1885) 16–21. Zum Problem des Paganismus der Humanisten vgl. Angeleri (1952).
20 Toffanin (1941) 225.

lösen versucht, wird als uninteressante Ansammlung „frommer Redensarten" abgetan[21]. Damit führt die erasmische Geringschätzung der theologischen Bedeutung Vallas zu einer Aufspaltung des Werkes in einen philosophisch wichtigen Kern und unwichtiges theologisches Rankenwerk, für das der Autor letztlich nicht verantwortlich gemacht werden kann; Valla wird sichtbar als kritischer Rationalist, der, wie Ernst Cassirer erklären wird, „zum ersten Mal seit den Tagen der Antike... das Freiheitsproblem (wieder) vor ein rein weltliches Forum, vor den Richterstuhl der ‚natürlichen Vernunft' zitiert"[22], und in dessen Geist, wie Saitta hinzufügt, allein ein rationalistischer Naturalismus herrschte[23], der allerdings einer befriedigenden Lösung des Problems noch nicht fähig ist[24].

Dieser rationalistischen Interpretation ähnlich, wenn auch nicht mit ihr identisch, ist der zum Ende des letzten Jahrhunderts gemachte Vorschlag, Vallas Argumentation in die Nähe des psychologischen Determinismus der modernen Positivisten zu rücken[25], ein Vorschlag, der wohl kaum eine besondere Erwähnung verdiente, wäre er nicht von kompetenter Seite neuerlich wieder aufgegriffen worden[26].

Eine wirkliche Alternative zur rationalistischen Interpretation des Dialogs von Valla stellt die entgegengesetzte Gewichtung der durch die Aufspaltung entstandenen Teile dar, d.h. der Betonung des zweiten, ‚theologischen' Teiles als des eigentlichen Anliegens Vallas zu Lasten der vorhergehenden ‚philosophischen' Passagen. Vallas Schrift über die Willensfreiheit wird dabei zum Zeugnis gerade seines Antirationalismus und ihre Bedeutung hängt davon ab, welchen Wert man ihrer theologischen Argumentation beimessen kann. Mit Erasmus gering eingeschätzt wird dieser Wert von P.O. Kristeller, der dem Irrationalismus Vallas eine kaum nennenswerte argumentative Originalität zuspricht[27]; mit Luther hoch eingeschätzt wird dieser Wert dagegen von E. Garin, der die von Valla zurückgewonnene Unmittelbarkeit des alles rationale Argumentieren transzendierenden Glaubens als die eigentliche Leistung des Dialogs hervorhebt[28].

Betrachtet man die Vielzahl und die Weite der Interpretationen, die in der Geschichte der Rezeption von Vallas Dialog angeboten werden, dann mag man zweifeln, ob ein Werk, das so viele verschiedene

---

21 V. Wolff (1893) 42: „Hier endet der interessante Teil des Dialoges. Valla ergeht sich in der Folge nur noch in frommen Redensarten".
22 Cassirer (1969) 82.
23 Saitta (1961) 266: „Nel suo intelletto non c'era posto se non per il naturalismo razionalistico". Vgl. auch Dilthey (1970) 138.
24 V. Wolff (1893) 42 f.; Cassirer (1969) 82; Saitta (1961) 265.
25 Barozzi (1891) 215–220.
26 Trinkaus (1949) 61.
27 Kristeller (1948) 15; Vgl. auch Kristeller (1986) 23 f.
28 Garin (1978) 316 f.

Zugriffe erlaubt, überhaupt die Chance eines verbindlichen Verständnisses bietet oder nicht vielmehr — und dies müßte nicht gegen seine Qualität sprechen — wegen der Brisanz der von ihm erörterten Problematik immer zu einer parteilichen Interpretation verleitet. Tatsächlich zeigt seine umstrittene Rezeption im 16. Jahrhundert einschließlich seiner Indizierung und auch das Entzücken, das Leibniz bei seiner Lektüre verspürte, daß eine desinteressierte Kenntnisnahme von Vallas Dialog besondere Schwierigkeiten bereitet und der erhebliche Grad an Willkür, mit dem die moderne historische Forschung ganze Teile der Schrift als unerheblich und nicht ernst gemeint glaubt außer Acht lassen zu können, scheint darauf hinzuweisen, daß *De libero arbitrio* in besonderer Weise geeignet ist, für aktuelle Interessen reaktiviert zu werden.

Ob dieser Schein trügt, das sei dahingestellt. Aber wenn man einen Blick auf die neueste Forschung wirft, dann wird deutlich, daß die Zurückweisung der lange Zeit gültigen Rationalismusthese und Rehabilitation des zweiten, mit Paulus argumentierenden Teiles der Schrift, wie sie von Kristeller und Garin vorgenommen wurden, nicht nur der zweiten, seit der Reformation möglichen Alternative das Wort redet, sondern auch den Weg weist zu einer Überwindung dieses alternativen Ansatzes, die, indem sie Vallas Werk von seinem Ende her versteht und als Ganzes ernst nimmt, darauf verzichtet, legitimationshistorisch an gegenwärtigen Interessen sich zu orientieren, für die Valla als Vorläufer dienen könnte, und stattdessen den Dialog im Kontext des Gesamtwerkes des Autors als Reaktion auf Problemstellungen und Lösungsansätze der zeitgenössischen Philosophie zu verstehen versucht. Einen solchen Versuch, der der Humanismus- und Renaissanceforschung generell neue und fruchtbare Perspektiven zu eröffnen scheint[29], hat für Valla mit besonderem Erfolg Mario Fois unternommen[30]. Die folgende Analyse versteht sich als Versuch in der gleichen Richtung.

---

29 Garin (1980); Kristeller (1974) 87–111; Kristeller (1979); Trinkaus (1970); Keßler (1979); Keßler (1981).
30 Fois (1969) 180–195; 576–589; vgl. auch Keßler (1980).

## III. Die Krise des späten Mittelalters

Das große Programm der scholastischen Philosophie seit dem 12. Jahrhundert, seit in der Rezeption des Aristoteles im Westen die christliche Welt mit einer geschlossenen philosophischen Interpretation der Realität konfrontiert wurde[31], war es gewesen, Philosophie und Theologie, *fides* und *intellectus,* Glauben und Wissen als miteinander vereinbar zu erweisen, um die Einheit des Weltverständnisses zu retten. Während die Theologie, aufgrund der Offenbarung, davon ausgehen konnte, daß Gott die Welt geschaffen hat und durch seine Vorsehung lenkt und erhält, daß der Mensch in dieser Welt den Normen des göttlichen Gebotes unterworfen ist und durch eigene Schuld gegen sie verstößt, und daß schließlich das göttliche Handeln in der Geschichte den Sünder bestraft und den Reumütigen erlöst, müssen Philosophie und Wissenschaft, aufgrund des aristotelischen Wissenschaftsbegriffes[32], voraussetzen, daß der notwendigen Struktur des Wissens eine notwendige Struktur der Realität entspricht, daß Werden und Vergehen sich nach notwendigen Gesetzen vollziehen, daß die Welt ewig ist und weder menschliches noch göttliches Handeln ihre ewige Gesetzmäßigkeit zu stören vermögen.

Der Gegensatz dieser beiden Weltsichten, der theologisch-christlichen und der philosophisch-aristotelischen, impliziert den von Freiheit und Notwendigkeit. Der Versuch, diesen Gegensatz zu überwinden, impliziert daher auch den, Freiheit und Notwendigkeit gleichermaßen als Verfaßtheiten der Realität zu sichern. Dies gelingt in der Synthese des Thomas von Aquin, der auf der Grundlage der Unterscheidung zwischen der Notwendigkeit des Allgemeinen und der Kontingenz des Individuellen, dem Menschen zwar, insoweit er ein natürliches Wesen ist, in der *beatitudo,* der Glückseligkeit, ein natürliches und daher notwendiges allgemeines Ziel setzt, das zu wählen oder nicht zu wählen ihm nicht freisteht[33], ihm gleichzeitig aber, in den Mitteln, dieses Ziel zu erreichen, da sie partikulär und kontingent sind, einen Bereich der Willens- und Entscheidungsfreiheit sichert[34].

---

31 Van Steenbergen (1955).
32 Aristoteles (1975) 3 (71 b 9 ff.): „Wir glauben aber etwas zu wissen... wenn wir sowohl die Ursache, durch die es ist, als solche zu erkennen glauben wie auch die Einsicht uns zuschreiben, daß es sich unmöglich anders verhalten kann".
33 Thomas von Aquin (1926) I, 979 (I, q. 83, art. 1 ad V): „Ex eo igitur, quod homo est aliqualis qualitate naturali, quae attenditur secundum intellectivam partem, naturaliter homo appetit ultimum finem, scilicet beatitudinem. Qui quidem appetitus naturalis est, et non subiacet libero arbitrio".
34 Thomas von Aquin (1926) I, 978 (I, q. 83, art. 1, Resp.): „Homo agit iudicio: quia per vim cognoscitivam iudicat aliquid esse fugiendum vel prosequendum. Sed quia iudicium istud non est ex naturali instinctu in particulari operabili, sed ex collatione quadam rationis: ideo agit libero iudicio,

Aber im gleichen Augenblick, in dem diese Synthese gelungen ist, wird ihr den philosophischen Bedürfnissen nicht genügender Kompromißcharakter deutlich. Noch zu Lebzeiten des Thomas, im Jahre 1270, sieht sich der Bischof von Paris, Stephan Tempier, um der Verteidigung der christlichen Position willen, gezwungen, 13 philosophische Thesen zu verdammen, in denen die Ewigkeit der Welt, die Unfreiheit des menschlichen Willens, die Unmöglichkeit einer die Welt regierenden göttlichen Vorsehung, mithin also ein der Notwendigkeit der Wissensstruktur entsprechender Determinismus vertreten wird[35]. Offenbar ist dieses Edikt jedoch ohne Erfolg, denn 3 Jahre nach dem Tode des Thomas, 1277, wird dieses Edikt, nunmehr auf 219 Thesen gleicher Tendenz erweitert, erneuert[36].

Mag es auch bis heute nicht gelungen sein, die einzelnen Thesen in den erhaltenen Werken der ‚radikalen Aristoteliker' nachzuweisen, so zeigt doch die Tatsache ihrer Verdammung ebenso wie ihr immer wiederkehrendes Auftreten in den philosophischen Diskussionen der folgenden Jahrhunderte[37], daß sie als Konsequenzen aus dem philosophischen Ansatz des Aristotelismus denkbar geworden und gegenwärtig waren. Das Scheitern des philosophischen Programmes der Scholastik war bedrohlich am Horizont sichtbar geworden und realisierte sich im Augenblick, in dem eine letzte Anstrengung zu seiner Rettung gemacht wurde[38].

Dieser Versuch wird, um die Wende vom 13. zum 14. Jahrhundert, von Johannes Duns Scotus unternommen, der, um die Freiheit des göttlichen Wollens und Handelns zu retten, gegen die These vom durchgehenden Determinismus die existentielle Erfahrung von Kontingenz setzt[39] und nachweist, daß um ein einziges kontingent Seiendes erklären zu können, die erste Ursache alles Seienden überhaupt,

---

    potens in diversa ferri. Ratio enim circa contingentia habet viam ad opposita".
35 Denifle/Chatelain (1964) 486 f. (Engl. Übers. in Thorndyke (1944) 80 f.). Verdammt werden u.a. folgende Thesen:
   3. Daß der Wille des Menschen aus Notwendigkeit will oder wählt.
   5. Daß die Welt ewig ist.
   9. Daß der freie Wille ein passives, nicht aktives Vermögen ist und daß er durch das Begehren mit Notwendigkeit bewegt wird.
  12. Daß das menschliche Handeln nicht von der göttlichen Vorsehung geleitet wird.
36 Denifle/Chatelain (1964) 544–553 (deutsche Teilübersetzung in Flasch (1982) 355–362).
37 Renan (1867).
38 Leff (1976); Pieper (1978) 116–136.
39 Scotus (1968) 1299 (dist. 39, q. 5,13): „et ideo videtur ista ‚aliquod ens est contingens' esse vera primo et non demonstrabilis ‚propter quid' ... Et ideo negantes talia manifesta indigant poena vel sensu ... et ita etiam isti, qui negant aliquod ens contingens, exponendi sunt tormentis, quousque concedant quod possibile est eos non torqueri".

also Gott, kontingent verursachen, also ein freier Wille sein muß[40]. Damit ist zwar die Freiheit des göttlichen Handelns gerettet, das nicht nur, als *potentia ordinata*, mächtig ist, die Welt nach der einmal gesetzten Ordnung zu erhalten, sondern auch, als *potentia absoluta*, durch seinen Willensakt jede Gesetzmäßigkeit überschreitend, eine neue Ordnung setzen kann[41], aber dieser Voluntarismus des Scotus verleiht zugleich, den Determinismus überwindend, der Gesamtheit der Realität den Charakter der Kontingenz und zerstört damit das Fundament aristotelischer Wissenschaft, daß nämlich der Notwendigkeit und Allgemeingültigkeit logischer Verknüpfungen eine notwendige Struktur auf Seiten der Realität entspricht.

Wenn dieser scotistische Voluntarismus so notwendig zu einer Zerstörung des scholastischen Programmes einer Vereinigung von Theologie und Philosophie führen mußte, insofern die Unvereinbarkeit des christlichen Schöpfergottes mit der ontologischen Voraussetzung aristotelischer Naturphilosophie unauflösbar deutlich geworden war[42], so wäre doch innerhalb der Philosophie, im Sinne von Kants dritter Antinomie, ein Koexistenz von scotistischem Voluntarismus und radikalaristotelischem Determinismus denkbar gewesen. Denn wenn die philosophische Grundlage des Voluntarismus die existentielle Erfahrung eines einzigen kontingenten Faktums war, um dessen Rettung willen die erste Ursache überhaupt als kontingente und mithin die Gesamtheit der von dieser verursachten Realität als kontingent gedacht werden mußte, so konnte der Determinismus in gleicher Weise für sich in Anspruch nehmen, auf der Grundlage eines einzigen notwendigen Faktums die gesamte Realität als notwendig denken zu müssen. Die Entscheidung zwischen Voluntarismus und Determinismus hing damit davon ab, welcher Ausgangspunkt gewählt, welches Phänomen vorrangig erklärt werden sollte: die – dem Bereich des menschlichen Handelns zugrunde liegende – Kontingenz oder die – die Möglichkeit von Naturerkenntnis bedingende – Notwendigkeit.

Den endgültigen Todesstoß erfuhr daher die scholastische Philoso-

---

40 Scotus (1968) 1300 (dist. 39, q. 5,14): „Supposito ergo isto tamquam vero, quod aliquod ens est contingens, inquirendum est, quomodo possit salvari contingentia in entibus. Et dico... quod nulla causatio alicuius causae potest salvare contingentiam, nisi prima causa ponatur immediate contingenter causare ... primum autem est causans per intellectum et voluntatem ... oportet ergo contingentiam istam quaerere in voluntate divina, vel in intellectu divino: non autem in intellectu ... quia quidquid intellectus intelligit ... intelligit mere naturaliter et necessitate naturali; et ita nulla contingentia potest esse in sciendo aliquid ... Primam ergo contingentiam oportet quaerere in voluntate divina".
41 Scotus (1968) 1368 (dist. 44, q. unica: Utrum Deus possit facere aliter, quam ab ipso ordinatum est fieri?)
42 Zur Konsequenz der durch die *potentia absoluta* entworfenen ‚absoluten Theologie' vgl. Blumenberg (1966).

phie erst in dem Augenblick, in dem in der ersten Hälfte des 14. Jahrhunderts ein anderer Franziskaner, Wilhelm von Ockham, in der Nachfolge des Scotus, den Nachweis führte, daß Wissenschaft im Sinne einer begrifflichen Abbildung der Realität, einer *adaequatio rei et intellectus*, prinzipiell nicht möglich ist. Denn eine wissenschaftliche Aussage formuliert entweder einen allgemeinen Sachverhalt oder ordnet einem allgemeinen einen singulären Tatbestand zu. Die allgemeinen Begriffe, die Universalien, ohne die eine solche Aussage nicht möglich ist, haben aber keine Entsprechung in der Realität: was in der Realität existiert, ist immer ein Einzelnes, Partikulares, und selbst die Universalbegriffe sind als Begriffe, als Intentionen, Konzepte oder Namen je ein bestimmtes Einzelnes, dessen Universalität allein darauf beruht, daß es für eine Vielheit steht bzw. eine Vielheit bezeichnet oder von einer Vielheit ausgesagt werden kann[43].

Ockham entwickelt diese seine, den seit Roscellin und Abaelard währenden Universalienstreit[44] zugunsten des Nominalismus beendende Theorie, um im Kontext des Voluntarismus Philosophie und Wissenschaft wenigstens formal zu retten[45], denn gegenüber einer Wissenschaft, deren notwendige Struktur ohnehin nur auf begrifflicher Widerspruchsfreiheit beruht und gar keine Realadäquanz beanspruchen kann, ist es gleichgültig, ob die Struktur der Realität an sich notwendig oder kontingent ist. Doch das, was Ockham auf diese Weise rettet, ist nicht mehr die Wissenschaft des Mittelalters, die beanspruchen konnte, die Realität in ihrem Wesen zu erkennen, sondern nur noch eine Wissenschaft der Konzepte, die der Mensch sich von den Dingen macht, eine Wissenschaft der widerspruchsfreien Verknüpfung von Begriffen[46]. Ob den wissenschaftlich gesicherten Aussagen dar-

---

43 Ockham (1974) I, § 14–15; Ockham (1984 a) 62–75; p. 65 (I, 14,5): „Man muß also sagen, daß jedes Universale ein Einzelding ist; es ist nur aufgrund der Bedeutung, das heißt, weil es Zeichen mehrerer ist, ein Universale ... das Universale (ist) eine einzelne Intention der Seele, die von mehreren ausgesagt werden kann, so daß sie deswegen universal genannt wird, weil sie von mehreren ausgesagt werden kann – nicht für sich selbst, sondern für diese vielen".
44 Reiners (1910); Carré (1950).
45 Ockham (1978) 363 (Prooemium § 8): „Sed istam opinionem, quantum ad hoc quod ponit esse aliquas res extra praeter singulares existentes in eis, reputo omnino absurdum et destruentem totam philosophiam Aristotelis et omnem scientiam et omnem veritatem et rationem et quod est pessimus error in philosophia ... et quod tenentes eam sunt inhabiles ad scientiam".
46 Ockham (1957) § 30; Ockham (1984 a) 206: „Und deshalb handelt, im eigentlichen Sinne, die Naturwissenschaft weder von vergänglichen und werdenden Dingen, noch von natürlichen Substanzen, noch von beweglichen Dingen, denn solche Dinge sind in keinem durch die Naturwissenschaft gewußten Schlußsatz Subjekt oder Prädikat. Vielmehr handelt die Naturwissenschaft im eigentlichen Sinne von den solchen Dingen gemeinsamen Intentionen der Seele, die in vielen Aussagen genau für diese Dinge

über hinaus etwas in der Realität entspricht, das kann die Wissenschaft selbst nicht sichern, sondern hängt davon ab, ob in der Erfahrung der *notitia intuitiva*, der intuitiven Erkenntnis dessen, was jetzt und hier existiert, Einzeldinge gegeben sind, die der wissenschaftlichen Aussage entsprechen[47].

So steht am Ende des Mittelalters einer in ihrer Struktur notwendigen formalen Begriffswissenschaft eine Realität gegenüber, die ihrem Wesen nach nicht mehr erkennbar und eben darum, weil sie von der Notwendigkeit der Wissenschaft nicht mehr erreicht werden kann, für den Menschen als Ganzes kontingent ist. Das Reich der Notwendigkeit und das Reich der Freiheit sind auseinandergefallen in die wissenschaftliche Welt der Begriffe und die erfahrbare Welt der Realität. Freiheit des menschlichen Willens ist daher begrifflich nicht mehr zu sichern, sie ist nur gegeben in der immer sich wiederholenden Erfahrung des Nicht-Determiniert-Seins[48] und wird damit zum Aspekt der Unerkennbarkeit der Realität, der der Mensch orientierungslos ausgeliefert ist[49] und in der ihm die hochentwickelte Wissenschaft der Begriffe keine Orientierungshilfe zu leisten vermag.

---

    supponieren, obschon in gewissen Aussagen, wie sich zeigen wird, solche Begriffe für sich selbst supponieren".
47 Ockham (1967) 31 f. (Prologus); Ockham (1984 a) 146 f. (Prologus § 21– 22): „Die intuitive Erkenntnis ist eine solche Erkenntnis, kraft derer gewußt werden kann, ob ein Ding ist oder nicht ist, so daß, wenn das Ding ist, der Intellekt unmittelbar urteilt, daß es ist und mit Evidenz erkennt, daß es ist, es sei denn, er werde zufällig wegen der Unvollkommenheit dieser Erkenntnis daran gehindert... Und überhaupt ist jede unverknüpfte Erkenntnis eines oder mehrerer Termini, eines oder mehrerer Dinge, kraft derer mit Evidenz eine kontingente Wahrheit vornehmlich über etwas Gegenwärtiges erkannt wird, eine intuitive Erkenntnis".
48 Ockham (1980) 88 (I, q. 16): „... non potest probari (sc. quod voluntas est libera) per aliquam rationem, quia omnis ratio hoc probans accipiet aeque ignotum cum conclusione vel ignotius. Potest tamen evidenter cognosci per experientiam, per hoc quod homo experitur quod quantumcumque ratio dictet aliquid, potest tamen voluntas hoc velle vel non velle vel nolle".
49 Hochstetter (1950).

*IV. Humanismus und spätes Mittelalter*

Betrachtet man das Denken und Tun der Humanisten in diesem ihnen zeitgenössischen Kontext, dann scheint es weniger dem den Bruch mit dem Mittelalter unterstellenden Schlagwort von der „Wiederbelebung des klassischen Altertums" gerecht zu werden, unter dem die moderne Humanismusforschung im 19. Jahrhundert angetreten ist[50], als vielmehr ein Versuch zu sein, aus der durch den Nominalismus bestimmten geistigen Situation der Zeit einen Ausweg zu finden. Zwar ist es richtig, daß die Humanisten nicht müde werden, die scholastische Philosophie polemisch zu verfolgen und sich auf der anderen Seite mit einer bisher nicht gekannten Intensität um die Wiederentdeckung der antiken Tradition bemühen, aber weder meint die Polemik, inhaltlich, die gesamte Scholastik, noch ist die Wendung zur Antike desorientiert und antiquarisch.

Befragt man nämlich die antischolastische Polemik der Humanisten auf ihren Kern hin, so zeigt sich, daß sie nicht die nominalistische Grundlage der Spätscholastik überhaupt in Frage stellt, sondern lediglich der von den sogenannten Terministen aus ihr gezogenen Konsequenz gilt, Philosophie und Wissenschaften ohne Reflexion ihres Realitätsbezuges allein unter dem Gesichtspunkt logisch-begrifflicher Eindeutigkeit und Widerspruchsfreiheit zu betreiben. Diese Polemik ist nicht antischolastisch, sondern antidialektisch und meint die Verabsolutierung des formallogischen Aspektes der Wissenschaften[51]. Untersucht man auf der anderen Seite den Charakter der Rezeption der antiken Tradition, dann wird deutlich, daß diese durchaus nicht von Autoritätsgläubigkeit geprägt ist, sondern daß das eigene Urteil des Rezipienten und die von ihm gemachten Erfahrungen Maßstab der Rezeption sind[52], und daß die Vergangenheit nur darum und insofern Interesse verdient, als in ihr Erfahrungen der Realität gespeichert sind und Realität daher mittelbar erfahren werden kann[53].

Im Kontext des Spätmittelalters scheint sich daher das Denken und Tun der Humanisten als Option für die *notitia intuitiva*, für die unmittelbar gegebene Erfahrung der Realität und gegen einen Rückzug auf eine rein konzeptionelle Wissenschaft verstehen zu lassen, als Versuch,

---

50 Vgl. Voigt (1880).
51 Vgl. zu dieser Polemik Garin (1961); Vasoli (1968) 9–27; Bottin (1982) 277–313.
52 Vgl. z.B. Petrarca (1965) I, 3 f. (dt. in Petrarca (1975) 57): „Denn dahin darf es nicht kommen, daß etwa der Einzelne sich seine Meinung über etwas nicht gemäß dem Eindruck, den er von der Sache hat, bilden sollte ... Wie kann ich denn über eine Sache urteilen, ohne daß ich es auch so meine? Das hieße ja mich zwingen, mit fremdem Urteil zu urteilen. Wer das tut, der urteilt nicht selbst, sondern referiert Urteile". Vgl. Keßler (1978) 178 f.
53 Belege dazu bei Keßler (1981 b) 18–22.

dem Denken auf der Grundlage der Erfahrung einen neuen Zugang zur Realität zu eröffnen und Philosophie und Wissenschaft wiederum zu einem Instrument der Auseinandersetzung mit der Welt, zur *ars vitae*, zu machen[54]. Diesem Zweck dienen offenbar auch jene fünf Fächer, die der Humanist als Lehrer der *studia humanitatis* zu vertreten hatte[55]: Grammatik als Lehre der lateinischen Sprache und des Verständnisses der in den traditionellen Texten bewahrten Erfahrung[56], Geschichte als Kenntnis eben jener Texte, in denen die Erfahrungen des Menschen aus der Auseinandersetzung mit der Realität gespeichert sind, Moralphilosophie, die den Menschen lehrt, diese Erfahrungen für sein eigenes Leben zu nutzen, Rhetorik als Methode, diese nicht dem Bereich der Notwendigkeit sondern der Kontingenz angehörenden Erfahrungen wenn nicht in ihrer Wahrheit, so doch in ihrer intersubjektiven Gültigkeit zu sichern, und schließlich die Poesie, die ein metaphorisches Reden über das, was jenseits aller Erfahrung liegt, über Gott, erlaubt[57].

---

54 Vgl. z.B. Salutatis Charakterisierung der Philosophie Petrarcas nach dessen Tod, Salutati (1891–1905) I, 178 f. (Ep. III, 15): „Deus optime, in philosophia, que quidem donum divinum omnium moderatrix noscitur esse virtutum et, ut Ciceroniano utar vocabulo, expultrix vitiorum et omnium scientiarum et artium imperatrix et magistra, quantum excessit! non dico in hac, quam moderni sophiste ventosa iactatione inani et impudente garrulitate mirantur in scolis; sed in ea, que animos excolit, virtutes edificat, vitiorum sordes eluit, rerumque omnium, omissis disputationum ambagibus, veritatem elucidat". Dazu Rice (1958); Keßler (1978) 132–141.
55 Kristeller (1974/1976) I, 17 f.
56 Keßler (1981 a).
57 Keßler (1979), zur ‚poetischen Theologie' insbesondere Trinkaus (1970) II, 683–721. Zur Rhetorik Grassi (1980).

## V. Vallas Leben

Mag ein solches Verständnis des humanistischen Tuns und Denkens auch nicht für alle Lehrer der *studia humanitatis* nachweisbar, nicht für alle seit dem 19. Jahrhundert als Humanisten bezeichneten Autoren zu unterstellen sein — auch heute noch kann man wohl kaum davon ausgehen, daß jeder Lehrer die philosophischen Implikationen des von ihm gelehrten Curriculum kennt — so scheinen doch gerade die auch philosophisch interessierten und interessanten Humanisten von einem solchen Interpretationsansatz her erst verständlich zu werden[58]. Zu ihnen gehört Lorenzo Valla, der nicht nur in der Sicherung und Vermittlung historischer Erfahrung, in der philologisch-historischen Arbeit Großes geleistet hat, sondern auch den ersten umfangreichen Versuch unternimmt, die philologisch-historische Methode der Humanisten zu begründen, und sich in zwei überaus reizvollen und wichtigen Werken darum bemüht, dem moralphilosophischen Anspruch der Humanisten gerecht zu werden[59].

Die äußeren Daten dieses Humanistenlebens verraten wenig von seinen inneren Spannungen. Geboren 1406/07 in Rom und dort auch unter dem Einfluß der Humanisten Leonardo Bruni Aretino und Giovanni Aurispa aufgewachsen, wird Valla 1429 auf einen Lehrstuhl für Rhetorik nach Pavia berufen, das er 1433 verläßt, um, auf dem Umweg über Florenz und Mailand, 1435 als Sekretär des Königs Alfons von Aragon nach Neapel zu gehen. Während seiner zwölfjährigen Zugehörigkeit zum Humanistenkreis des neapolitanischen Hofes vollendet er die wichtigsten seiner schon in Pavia konzipierten Werke, bis ihn 1477 der erste Humanistenpapst, Nikolaus V., als apostolischen Sekretär nach Rom beruft, wo er, seit 1455 als Lehrer der Rhetorik wirkend, am 1. August 1457 stirbt[60]. Schon bald nach seinem Tode beginnt man, seine Werke zu drucken[61], bis er, mit der Ausgabe der *Opera omnia*, Basel 1540, der Nachwelt als geschlossene Gestalt sichtbar wird[62].

---

58 Das wachsende Interesse an der Philosophie des späten Mittelalters läßt hoffen, daß diese — heute noch hypothetische — Behauptung in den kommenden Jahren durch Einzelfallstudien eingelöst werden wird.
59 Eine knappe Gesamtdarstellung Vallas ist jetzt in deutscher Sprache zugänglich in Kristeller (1986) 17–33; die neuere Forschung konzentriert sich auf drei Themenbereiche: Vallas lange als nur negativ beurteiltes Verhältnis zum Christentum: Fois (1969); Trinkaus (1970) 103–170; 571–578; 674–683; di Napoli (1971) Camporeale (1972) vgl. auch Trinkaus (1974); weiterhin Vallas philologische Leistung: Gaeta (1955); Kelley (1970) 19–52; und schließlich Vallas Moralphilosophie: Gerl (1974); Panizza Lorch (1985).
60 Zu Vallas Leben vgl. Mancini (1891); Sabbadini (1891).
61 Eine Übersicht über die frühen Drucke Vallas gibt Fois (1969) 641–644.
62 Valla (1962).

## VI. Vallas philologisch-historische Tätigkeit

Welches seiner Werke diese Gestalt für die Nachwelt am eindringlichsten geprägt hat, ist schwer zu sagen, denn beinahe mit jedem war er in seiner Zeit ein Neuerer und hat er Anstöße gegeben, deren Folgen weit über ihn hinaus nachwirkten. Dies gilt schon für die erste uns erhaltene Schrift *De insigniis et armis*[63], die, gegen Bartolo da Sassoferrato und die traditionelle Digestenexegese gerichtet, als Ziel der Interpretation des römischen Rechtes nicht die Erstellung eines widerspruchsfreien Systems juristischer Normen und Begriffe proklamiert, von dem her ein juristischer Streitfall deduktiv entschieden werden kann, sondern das, auf der sorgfältigen Kenntnis der lateinischen Sprache, der *significatio verborum*, beruhende Verständnis der überlieferten Rechtssätze in ihrem historischen Kontext, so daß sie – gleichsam als Beispiel für rechtliches Handeln – auf die veränderte historische Situation analog angewandt werden können. Wenn die Wirkung dieser Schrift zunächst in Italien Empörung ist – Valla muß ihretwegen Pavia bei Nacht und Nebel verlassen und die italienische Jurisprudenz ist nicht bereit, die von ihr entwickelte Methode der Digestenexegese, den *mos italicus*, aufzugeben – so führt sie in Frankreich nicht nur zu einer neuen juristischen Methode, dem sogenannten *mos gallicus*, sondern wird auf diesem Wege auch zur Grundlage der modernen philologisch-historischen Methode überhaupt[64].

Den gleichen Grundsatz, daß nicht die widerspruchsfreie Integrationsmöglichkeit in ein System von Begriffen, sondern die gesicherte Erkenntnis der ihr zugrunde liegenden und von ihr gemeinten historischen Erfahrung Maßstab des richtigen Verständnisses und der Realitätshaltigkeit einer Aussage ist, wendet Valla auch auf die Theologie an. Nicht in der Systematik der christlichen Dogmatik, die sich aus der Kommentartradition zu den Sentenzen des Petrus Lombardus[65] entwickelt hatte, liegt die Wahrheit des christlichen Glaubens, sondern in der Bibel als der Offenbarung Gottes zu einem bestimmten historischen Zeitpunkt, und um dieser historischen Form göttlicher Offenbarung möglichst nahe zu kommen, kann man sich nicht mit der tradierten Vulgata zufrieden geben, sondern muß die lateinische Übersetzung an ihrem griechischen Original selbst überprüfen. Dies tut Valla in seiner *Collatio Novi Testamenti*[66], und er verteidigt seinen Eingriff in den Text der Heiligen Schrift mit dem Argument, daß hei-

---

63 *Ad Candidum Decembrium contra Bartoli Libellum cui titulus de insigniis et armis epistola* (1433), in: Valla (1962).
64 Kelley (1970).
65 Petrus Lombardus (1916).
66 Valla (1970 a).

lig und darum unantastbar keine Übersetzung, sondern nur der originale griechische Wortlaut in seiner historischen Gestalt ist[67].

Aus dieser philologischen Beschäftigung Vallas resultiert nicht nur die Bibelphilologie des 16. Jahrhunderts, beginnend mit der Veröffentlichung einer erweiterten Fassung von Vallas Bibelkritik unter dem Titel *Adnotationes* durch Erasmus im Jahre 1505[68], sondern sie gibt auch, durch die Relativierung der Vulgata als verbindlichen Text zu einer möglichen Übersetzung den Weg frei zu den im 15. und 16. Jahrhundert rasch sich ausbreitenden Übersetzungen der Bibel in die Nationalsprachen[69], sie propagiert den für die Auseinandersetzungen der Reformationszeit wichtigen Grundsatz, daß in theologischen Fragen nicht die — eindeutige und in sich widerspruchsfreie — Dogmatik, sondern die — vieldeutige und widerspruchsvolle — ‚Schrift' maßgebend ist und sie führt schließlich zur Entwicklung einer nicht nur auf logische Widerspruchsfreiheit sondern auf historisches Verstehen ausgerichteten Methode der Bibelexegese, aus der die moderne hermeneutische Methode hervorgehen wird[70].

Der dritte Anwendungsfall für Vallas humanistische Methode ist schließlich seine Schrift gegen die konstantinische Schenkung[71]. Als Grundlage für den päpstlichen Anspruch auf das weltliche neben dem geistlichen Schwert war die konstantinische Schenkung auch schon im Mittelalter in den Auseinandersetzungen zwischen Kaisertum und Papsttum bestritten worden, und so ist das Ziel dieser Schrift an sich kein Novum. Neu ist jedoch die Art der Argumentation, denn während die mittelalterlichen Leugner nicht die Tatsache der Schenkung, sondern ihre Legitimität, also die Möglichkeit, sie in das System rechtlicher Normen zu integrieren, anzweifelten, versucht Valla zu zeigen, daß die Urkunde, die das Faktum der Schenkung überliefert, aus philologisch-historischen Gründen eine Fälschung sein muß und daher dem Herrschaftsanspruch des Papstes nicht die juristische, sondern die historische Legitimation fehlt[72].

---

67 Valla (1978) 112: „Sed quid est ... Scriptura Sacra? Omnisne Veteris Novique Testamenti interpretatio? At ista multiplex est et varia atque hec illi magnopere repugnans. An ignoras, ex Hebreo in Grecum primam translationem fuisse septuaginta duorum interpretum ... ubi quid dicas tu esse Sacram Scripturam? Certe nullam nisi veram interpretationem. At hec que sit incertum est ... Itaque, ne multus sim, siquid emendo non Scripturam Sacram emendo, sed illius interpretationem ... Ut mea translatio, si vera fuerit, sit appellanda Sacra Scriptura, non illius (interpretis). Et si proprie Sacra Scriptura sit ea, quae sancti ipsi vel Hebraice vel Grece scripserunt, nam Latinum nihil tale est".
68 Valla (1505). Weitere Drucke bei Fois (1969) 643.
69 Kilgour (1925).
70 Gadamer (1974).
71 Valla (1975).
72 Vgl. Setz in: Valla (1975) 43 ff.

Wenn Valla in allen drei Fällen die historisch-kritische Methode nicht um ihrer selbst willen anwendet, sondern um die dadurch gesicherte historische Faktizität an Stelle der systematischen Widerspruchsfreiheit zum Kriterium der Wahrheit einer Aussage zu machen, dann zeigt sich darin ein neues Wissenschaftsverständnis, das mit der von den Ockhamisten entwickelten reinen Konzeptualität der traditionellen Wissenschaft ernst macht, sich aber mit der Erarbeitung formallogisch widerspruchsfreier aber realitätsleerer Begriffssysteme nicht zufrieden gibt, sondern stattdessen eine auf der Erfahrung gründende neue Wissenschaft der Realität zu entwickeln versucht. Und eben dieses Prinzip formuliert Valla auch im Vorwort zu seinem eigenen historiographischen Werk, den *Gesta Ferdinandi Regis Aragonum*, wenn er erklärt, alle Kenntnis der Natur, der Ethik und alle Weisheit überhaupt fließe aus der Geschichte[73], und wenn er diese Behauptung damit begründet, daß im Gegensatz zur an begrifflicher Allgemeinheit orientierten aristotelischen Rangordnung der Disziplinen Philosophie, Poesie und Geschichte, der Geschichte der erste Rang gebühre, da sie wegen ihrer Nähe zur Erfahrung den höchsten Wahrheitsgrad besitze und darüber hinaus, in der Beispielhaftigkeit der von ihr dargestellten Erfahrung eine nicht abstrakte, sondern konkrete Universalität und Allgemeingültigkeit erreiche[74].

Diese von Valla im Vorwort zu seiner Geschichte gegebene Begründung ist zwar ausreichend, um die Intention, die hinter der Wendung zur Geschichte und der Konzentration auf die historisch-philologische Methode der Wissenschaft steht, zu verstehen, aber sie reicht nicht aus, um den Anspruch, durch philologische Sicherung tradierter Texte zur Erkenntnis der in ihnen gespeicherten Erfahrung der Realität zu gelangen, zu legitimieren. Tatsächlich ist es ja nicht einsichtig, wie der Abstand zwischen Zeichen und Bezeichnetem, der der nominalistischen Spaltung zwischen Realität und Begrifflichkeit zugrunde liegt, allein dadurch überwunden werden soll, daß die Arbeit an Begriffen ersetzt wird durch die Arbeit an Worten, denn auch sie sind nicht die Realität selbst, sondern nur Zeichen für Realität und entbehren, im Unterschied zu den Begriffen, als konventionelle Zeichen darüber hinaus sogar der Kontrolle der logischen Widerspruchsfreiheit. Es

---

73 Valla (1973) 6 (Prooemium § 11): „Et si vera fateri non piget, ex historia fluxit plurima rerum naturalium cognitio, quam postea alii in precepta redegerunt, plurima morum, plurima omnis sapientie doctrina".
74 Valla (1973) 5 (Prooemium § 9): „Nec fieri potest, ut poete figmenta sua non in rerum gestarum veritate velut fundamentis edificent ... nimirum tanto robustiorem esse historiam quanto est verior. At non versatur circa universalia? Immo vero versatur. Nulla enim alia causa huius operis est, quam ut per exempla nos doceat". Die Gegenthese bei Aristoteles (1965) 15 (Kap. 9; 1451 a 36 ff.) (dt.: Aristoteles (1961) 39). Zu Vallas Theorie der Geschichtsschreibung vgl. Keßler (1983).

scheint, daß Valla, anders als die meisten seiner humanistischen Kollegen, die eine Einheit von *res* und *verba* nur propagierten, sich dieses Problems durchaus bewußt war und eine auch theoretische Legitimation des philosophischen Anspruchs seines philologischen Tuns versucht hat.

*VII. Vallas Theorie der Sprache und der Wissenschaft*

Der Ansatz zu diesem Legitimationsversuch findet sich in den *Elegantiae Linguae Latinae*, in denen Valla, in scheinbar zufälliger Sammlung, die Bedeutungsfelder lateinischer Worte absteckt und damit ein außerordentlich erfolgreiches Instrument zum Gebrauch und Verständnis der klassischen lateinischen Sprache schafft[75]. Zeigt sich schon in dieser Normierung des Bedeutungsgehaltes des Lateinischen das Bestreben, Sprache nicht als beliebiges, sondern als geregeltes Zeichensystem verstehen zu lehren, so wird in den Vorworten, vor allem in dem zum ersten Buch, auch der theoretische Hintergrund einer solchen Normierung deutlich. Die Bedeutung der lateinischen Sprache, so erklärt Valla dort, beruhe darauf, daß sie – im Gegensatz etwa zu dem in Dialekte zerfallenden Griechischen – beinahe in der ganzen Welt gesprochen und verstanden werde, und daß in ihr darum die Künste und Wissenschaften selbst enthalten seien[76]. Die Verbrämung dieser Aussage mit dem leidenschaftlichen Aufruf zur Verteidigung der lateinischen Sprache lassen sie zunächst als Propagierung eines national-römischen Klassizismus erscheinen. Aber hinter diesem vordergründigen Klassizismus verbirgt sich, im Kontext der nominalistischen Problematik, eine dezidierte sprachphilosophische These. Wenn die Bedeutung einer Sprache an dem Umfang ihres Geltungsbereiches bemessen wird, dann impliziert dies, daß, obwohl jede Sprache ein beliebiges Zeichensystem ist, diese Beliebigkeit nicht absolut ist, sondern ihre Grenzen hat in der Erfüllung der kommunikativen Funktion. In der Sprache teilt der Mensch seine von ihm erfahrene Realität mit und begründet, in der Verständigung über diese Realität, die gemeinsame, menschliche Welt. Je umfangreicher daher der Geltungsbereich einer Sprache ist, um so größer ist auch die Gültigkeit der in ihr bezeichneten Realität und um so allgemeingültiger werden die in ihr gemachten Aussagen. Wenn die Künste und Wissenschaften beanspruchen, allgemeingültige Aussagen über die Realität zu machen, so kann diese Allgemeingültigkeit nicht auf einer logisch-begrifflichen Notwendigkeit beruhen, die inhaltsleer ist, sondern allein auf der Möglichkeit ihrer

---

75 Valla (1551). Über die Vielzahl der Druckausgaben, von 1471–1580 mehr als 60 an der Zahl, informiert Fois (1969) 643. Eine moderne Ausgabe existiert lediglich von den Vorreden bei Garin (1952) 594–631.

76 Valla, *Praefatio in sex libros Elegantiarum*, in: Garin (1952) 598: ,,Graeci inter se consentire non possunt, nedum alios ad sermonem suum se perducturos sperent. Varie apud eos loquuntur auctores, attice, aeolice, ionice, dorice, κοινωσ; apud nos, id est apud multas nationes, nemo nisi romane, in qua lingua disciplinae cunctae libero homine dignae continentur sicut in sua multiplici apud Graecos; qua vigente quis ignorat studia omnia disciplinasque vigere, occidente occidere? Qui enim summi philosophi fuerunt, summi oratores, summi iursconsulti, summi denique scriptores? nempe ii, qui bene loquendi studiosissimi".

sprachlichen Vermittlung in die kommunikativ gesicherte gemeinsame Welt der Erfahrung, die sie erst zu einer Aussage über die Realität macht. Darum ist die Allgemeingültigkeit der Wissenschaften an den Geltungsbereich der Sprache, in der sie formuliert wird, gebunden, darum sind Künste und Wissenschaften in der lateinischen Sprache enthalten und dient die Normierung der Sprache, als Mittel ihrer eindeutigen Verständlichkeit, der Ermöglichung von wissenschaftlichen Aussagen, und darum ist auch das philologische Bemühen um den korrekten Text und sein historisch richtiges Verständnis ein Bemühen um die Integration der in ihm sprachlich gedeuteten Erfahrung in die kommunikativ gesicherte Welt.

Wenn dieses Verständnis der Vorrede zu den *Elegantiae* richtig ist, dann vermittelt Valla in diesem Werk, wenn nicht theoretisch-explizit, so doch rhetorisch-implizit[77], die These von der sprachlichen Verfaßtheit der menschlichen Welt als einer konsensisch gesicherten Realität, die den humanistischen Ansatz, Wahrheit und Erkenntnis nicht in der formalen Widerspruchsfreiheit begrifflicher Systeme sondern in der Eindeutigkeit sprachlicher Aussagen zu suchen, zu legitimieren vermag. Die weiterhin offenstehende Frage, in welcher Beziehung dieses Modell sprachlich gedeuteter Realität, das nicht anders als das begriffliche Modell der Nominalisten nur eine Realität *für* den Menschen darstellt, nicht aber die Realität *an sich*, zur jenseits von Sprache und Denken stehenden Objektivität steht, und welches daher sein realer Wahrheits- und Erkenntnisgehalt ist, versucht Valla in seinem zweiten sprachtheoretischen Werk, der *Repastinatio dialectice et philosophie* zu beantworten.

Dieses wichtigste philosophische Werk Vallas, das erst seit kurzem in einer modernen kritischen Ausgabe zugänglich ist[78], bietet der Interpretation die größten Schwierigkeiten und ist wohl bisher nur in einzelnen Aspekten, nicht aber in seiner Gesamtheit verstanden worden[79]. Valla beansprucht darin, wie schon der Titel sagt, das gesamte Feld der traditionellen Logik und Dialektik und – insofern diese das Instrument der Philosophie und Wissenschaft ist – auch der Philosophie ‚umzugraben' und erneut fruchtbar zu machen. Er folgt daher durchaus der Ordnung des aristotelischen Organon, von der Kategorienschrift über die Lehre vom Satz bis zu den Ersten Analytiken, und

---

77 Die implizite Bestätigung dieser Interpretation findet sich im 6. Buch der *Elegantiae*, wo Valla z.B. (VI, 34; Valla (1551) 451 ff.) das Problem der Trinität durch Klärung der sprachlichen Bedeutung von *persona* zu lösen sich anheischig macht: es handelt sich also nicht um ein logisches oder ontologisches, sondern um ein sprachliches Problem, worauf – vgl. Valla (1982) 5 (Praefatio I, 9) – die meisten philosophischen Fragen zurückzuführen sind.
78 Valla (1982).
79 Vasoli (1968) 28–80; Gerl (1974) 191–230; Waswo (1977); Jardine (1977); Jardine (1981); Bottin (1982) 297–301; Otto (1984) 107–126.

stellt ihr lediglich die Erörterung der aus der mittelalterlichen Tradition stammenden Transzendentalienlehre voraus.

Grundlage dieser Reform der Dialektik ist, getreu dem in den *Elegantiae* gemachten Ansatz, daß nicht die *ratio* die *oratio*, die Logik die Sprache, sondern umgekehrt, die *oratio* die *ratio*, die Sprache die Logik bestimmt und letztere daher aus der Analyse der ersteren zu gewinnen ist. Von diesem Ansatz her reduziert Valla zunächst die sechs mittelalterlichen Transzendentalien *ens, aliquid, res, unum, verum, bonum* auf ein Transzendentale, die *res*, denn wann immer wir ‚Etwas‘ sagen oder ‚Eines‘, ‚Wahres‘ oder ‚Gutes‘, so meinen wir ‚eine bestimmte Sache‘, ‚eine Sache‘, ‚eine wahre Sache‘, ‚eine gute Sache‘, und selbst das Partizip ‚Seiendes‘, das die größte Allgemeinheit zu versprechen scheint, ist sprachlich identisch mit seiner Auflösung in ‚das, was ist‘ — *id quod est* — oder ‚die Sache, die ist‘ — *ea res, quae est*[80]. Damit wird *res*, die Sache, zum umfassendsten sprachlichen Universale, insofern es in jeder Aussage implizit enthalten ist, alle anderen Worte aber bezeichnen Modifikationen dieses Allgemeinen. Auf die aristotelische Kategorientafel übertragen[81] bedeutet dies, daß an die Stelle der zehn Kategorien lediglich zwei Kategorien treten: die Kategorie der Substanz, die offenbar der *res* entspricht, und die Kategorie der Qualität, die die *res* zu einer bestimmten Sache macht[82] und daher auch nicht von ihr getrennt werden kann: wann immer wir reden oder denken, meinen wir bestimmte Sachen bzw. Substanzen, die durch bestimmte Qualitäten ausgezeichnet sind[83].

---

80 Valla (1982) 12 (I, 2, 3): „Inter que (sc. transcendentia) ‚ens‘ ut maximam ad optinendum regnum pre se speciem fert, ita clam maximo vitio laborat... An non ‚aliquid‘ significat ‚aliqua res‘, ‚unum‘ ‚una res‘, ‚verum‘ ‚vera res‘ aut ‚veritas‘, que etiam res est; ‚bonum‘ ‚bona res‘ sive ‚bonitas‘ vel ‚probitas‘, que et ipsa res est? Ita ‚ens‘ ‚ea res que est‘ ... Ebd. 14 (§ 11): „Igitur si ‚ens‘ ita resolvitur: ‚id, quod est‘, et ‚id‘ resolvitur ‚ea res‘, profecto ‚ens‘ ita resolvitur: ‚ea res, que est‘... Ebd. (§ 12): „Quo palam est, omnem vim non naturalem habere, sed, ut sic dicam, precariam ac mutuo sumptam".

81 Aristoteles (1958) 45 (Kap. 4; 1b 25 ff.).

82 Valla (1982) 46 (I, 6, 16): „Quod cum ita sit, primum predicamentum (ut Boetio libuit) vocetur ‚substantia‘. Nam corpus e materia constat et forma, sive ex essentia et qualitate, et item animam constare confitendum est". Ebd. 112 (I, 13, 1): „Cetera novem predicamenta Aristoteles uno complexus est nomine συμβεβηκος, quod transferunt ‚accidens‘. Mihi duo tantum placet esse et in hec recidere cetera: ‚qualitatem‘ et ‚actionem‘. Später (ebd. 130 (I, 16, 11 ff.)) reduziert Valla die *actio* faktisch auf die Qualität.

83 Valla (1982) 110 f. (I, 12, 1): „Substantiam hanc, que ex materia constat et forma, immo et formis, appellant ‚compositum‘, cum nihil possit esse simplicius. Sublata enim alterutra parte et altera perit, neque id in corpore modo, verum etiam in spiritu". Ebd. 111 (§ 3): „Priorem volunt esse materiam forma: que quomodo potest esse prior, que non exstitit prius? Et eam iubent nos imaginari, que imagine caret. Accipe rationem propositione sua dignam: ‚ut imaginamur formam sine materia, ita possumus imaginari

Vor dem Hintergrund dieser Reduktion der Transzendentalien und der Kategorien auf *res* bzw. Substanz und Qualität wird auch die Frage nach der Beziehung der Sprache zur Realität beantwortbar. Wenn, wann immer wir reden, *res* mit ausgesagt wird, dann ist die generelle Frage nach der Beziehung zwischen Sprache und Realität identisch mit der Frage nach dem, was das verbale Zeichen *res* bezeichnet. Im Augenblick aber, in dem ich diese Frage stelle ‚Was bezeichnet *res*?', wird deutlich, daß, da diese Frage aufzulösen ist in ‚Welche *res*, welche Realität, bezeichnet *res*?', die Realität des Bezeichneten bereits impliziert ist, so daß also schon das Problem eines möglichen Auseinanderfallens von Realität für mich und Realität an sich Realität überhaupt voraussetzt und darum in seiner Allgemeinheit ein Scheinproblem ist. Erst wenn ich, durch qualitative Modifikation, verschiedene Realitäten ansetze, erhält diese Frage ihren Sinn zurück, aber dann fragt sie nicht mehr nach der Beziehung der Sprache zur Realität überhaupt, sondern nach der Beziehung zweier sprachlich formulierter Realitäten zu einander und mithin nach der Beziehung zwischen bestimmten sprachlichen Zeichen, und auf dieser Ebene kann dann die Antwort nur lauten, daß *res* das alle anderen Zeichen umfassende Zeichen ist, ohne daß eine Aussage über den Realitätsbezug möglich wäre[84].

Das nominalistische Problem eines Auseinanderfallens von intra- und extramentaler Realiät, von Realität für den Menschen und Realität an sich, beruht daher darauf, daß die Worte als Zeichen für Begriffe, für intramentale Konzepte, verstanden werden[85], über deren Bezeichnungsgehalt immer nur durch die Beziehung zu anderen, intramentalen Zeichen Rechenschaft gegeben werden kann – selbst die Inhalte der Erfahrung, der *notitia intuitiva*, sind Intentionen, Konzepte, die zwar die Existenz des Bezeichneten in sich begreifen, aber diesen

---

materiam sine forma'. Imaginamur quod imaginem habet, non quod non habet. Et tamen in illo quoque mentiuntur; nihil enim imaginamur nisi tamquam corpus".

84 Valla (1982) 124 (I, 14, 25): „Quapropter nihil interest utrum dicamus: ‚quid est lignum?', ‚quid est lapis?', ‚quid ferrum?', ‚quid homo?', an ‚quid significat lignum, lapis, ferrum, homo?'. Quorum nihil de ‚res' dici potest ‚quid est res?' et ‚quid res significat?', quoniam ‚quid' resolvitur in ‚que res'. Ideo qui dicunt ‚quid rei?', stulte dicunt. At si interrogavero ‚que vox est res?', recte respondebis ‚est vox significans omnium aliarum vocum intellectum sive sensum'. Sed ‚que' idem pene nunc quod ‚qualis' significat".

85 Ockham (1974) I, 1; (1984) a) 19: „Ich sage aber, die Laute seien den Begriffen oder Intentionen der Seele untergeordnete Zeichen ... weil die Laute zur Bedeutung desselben, was durch die Begriffe bedeutet wird, eingesetzt worden sind und zwar so ... daß ein zur Bedeutung eines durch den Begriff Bedeuteten eingesetzter Laut dann, wenn der Begriff sein Bedeutetes änderte, von selbst und ohne neue Einsetzung sein Bedeutetes veränderte".

Realitätsbezug nicht prinzipiell implizieren und daher wiederum nur begrifflich sichern können[86]: Realität ist immer begrifflich vermittelt. Vallas Lösung dieses Problems scheint stattdessen darauf zu beruhen, daß er die Sprache unmittelbar, ohne Vermittlung der intramentalen Begriffswelt, die Dinge bezeichnen läßt[87], so daß der Mensch, in der Sprache, seine unmittelbare, nicht hinterfragbare Realität besitzt und letztlich die Begrifflichkeit immer sprachlich vermittelt ist bzw. die Sprache zwischen Begrifflichkeit und Realität vermittelt.

Dieser generelle Ansatz Vallas bestimmt auch seine weitere Behandlung der Kategorien, die die Gesamtheit möglicher Aussagen über die Realität strukturieren. Wenn, wie im nominalistischen Kontext, die Sprache Zeichen der Begriffe ist, kann die Tafel der Kategorien nur dadurch legitimiert sein, daß sie zugleich die Struktur der begrifflichen Zeichen für die Realität darstellt und damit jene Struktur, in der Realität notwendig gedacht werden muß, ohne daß ihre Beziehung zur extramentalen Realität gesichert werden könnte.

Vallas Reduktion der Kategorientafel auf Substanz und Qualität besagt demgegenüber zunächst, daß für jegliche Aussage lediglich eines unabdingbar ist: daß sie nämlich von einer qualitativ bestimmten Sache spricht. Welcher Art diese Bestimmtheit ist bzw. welche Arten von Bestimmtheiten den Dingen zukommen, das läßt sich nicht a priori festlegen, denn es hängt nicht ab von einer vorsprachlich gegebenen Struktur, sondern von den Fragen, die der Mensch an die Realität stellt und von den Antworten, die ihm die Realität gibt. Diese Antworten sind ihm in dem, was als äußere und innere Sinne bezeichnet werden kann, zugänglich, und es sind die Klassen solcher sinnlich unmittelbarer Erfahrungsmöglichkeiten, nach denen die Kategorie der Qualität strukturiert wird[88]. Die Kategorien sind daher für Valla, in der Nachfolge Quintilians, Topoi, sie sind in der Sprache entwickelte generelle Fragerichtungen, die Aspekte der Realität erkennen lassen[89],

---

86 Ockham (1967) 36 (Prolog 1, 1); (1984 a) 157: „Es gibt, mindestens unter den irdischen, kein Ding oder keine ihm eigene Bestimmtheit, unter der das Ding intuitiv erkannt werden kann, bei deren Erkenntnis der Intellekt nicht zweifeln kann, ob sie sind oder nicht".
87 Valla (1982) I, 123 (I, 14, 22): „Homines enim, rebus cognitis, voces, quas adaptarent, invenerunt et propterea ‚signa' appellaverunt. Ebd. (§ 23): Nam sicut ligno nomen est ‚lignum' et lapidi ‚lapis' ... ita rerum incorporalium ut scientie est nomen ‚scientia' ...".
88 Valla (1982) I, 115 (I, 13, 8): „Perpetue qualitates he dicende erunt, que generales sunt ... sunt autem generales que aut sensibus obiciuntur aut sensis. ‚Sensa' vocabant veteres veluti animi sensus ..." Ebd. 116 (I, 14, 1): „Obiectorum suorum singuli habent generalia nomina, preter ultimum. Nam obiectum visus est ‚color', auditus ‚sonus', gustus ‚sapor', odoratus ‚odor', tactus nullum".
89 Valla (1982) I, 9 f. (I, 1, 6): „In quorum (sc. predicamentorum) translatione quem potius quam Quintilianum sequar? Is ita ait: ‚Ac primum Aris-

ohne doch beanspruchen zu können, das Wesen der Dinge an sich zu offenbaren, ja, mehr noch, sie sind ausdrücklich nicht identisch mit der Struktur der Realität sondern nur eine Ordnung der Zeichen, die es erlaubt, systematisch Fragen an die Realität zu stellen, denn „die bezeichnete Sache fällt nicht unter die Kategorie, so wie die Bezeichnung des Lautes Mensch unter der Kategorie steht, der Mensch aber, der bezeichnet wird, steht unter dem Dach oder dem Himmel, nicht unter der Kategorie"[90].

Dieses Verständnis der Kategorien weder als ontologische Struktur der Dinge noch als notwendige Struktur ihres Gedacht-Seins, sondern als offenes System möglicher Fragen an die Realität, als Topoi, gibt auch der Wissenschaft und der Philosophie, insofern sie notwendig begrifflich-kategorial verfaßt sind, den Charakter nicht einer geschlossenen Abbildung oder eines geschlossenen Modelles der Realität, sondern einer kategorialen Ordnung von Aspekten der Realität, die sich einmal in der Erfahrung gezeigt haben und darum auch zur Grundlage einer neuerlichen Frage an die Realität eignen. Wissenschaft sagt nicht, wie die Realität ist, sondern stellt eine Hypothese über mögliche Erfahrungen mit der Realität dar und dient darum – wie schon Vallas Rede von der Universalität des Beispiels andeutete[91] – der Regulierung des Umgangs mit der nicht mehr nach ihrem Wesen, sondern nur noch in einzelnen ihrer Aspekte erkennbaren Realität.

Die formallogische Widerspruchsfreiheit der Wissenschaften ist daher zwar auf der Ebene der Begriffe zu fordern, aber sie ist nicht ausreichend, um Realitätserkenntnis zu sichern. Die den Begriffen adäquate Argumentationsform der Logik muß ergänzt werden durch jene Argumentationsformen, die begriffliche Modelle zurückvermitteln in die sprachlich gedeutete Realität der Erfahrung und dem begrifflich Notwendigen den Charakter des real Wahrscheinlichen geben, so daß es, als Regulation des Umgangs mit der Realität, praktische Gültigkeit besitzt. Daher erklärt Valla, im Vorwort zum zweiten Buch seiner *Repastinatio dialectice et philosophie*, daß die Dialektik, deren Gegenstand der Syllogismus ist, nur einen kleinen Teil der allgemeinen Argumentationslehre der Rhetorik ausmache[92], übernimmt am Ende des zweiten Buches, bevor er im dritten Buch die Schlußlehre behandelt,

---

    toteles elementa decem constituit, circa que versari videatur omnis questio: ουσιαν, quam Flavius ‚essentiam' vocat ... sed ea queritur ‚an sit'..." Ebd. (§ 7) „Hec Quintilianus, qui ideo vocavit ‚elementa', quod sensus ceterorum vocabulorum ad ista tanquam ad elementa et principia referantur; ob eamque rem dicuntur ‚genera', quod ex his cetera significata gignuntur". Vgl. Quintilian (1959) I, 144 f. (III, 6, 23–24).

90  Valla (1982) I, 124 (I, 14, 25): „Res significata sub predicamentum non venit, ut significatio vocis ‚homo' sub predicamento est; ipse autem homo, qui significatur, sub tecto est aut sub celo, non sub predicamento".

91  Vgl. oben, Anm. 74.

92  Valla (1982) I, 175 ff. (II, Prooemium).

die allgemeine Argumentationslehre aus der Rhetorik des Quintilian[93] und behandelt im dritten Buch selbst nicht nur die Formen des Syllogismus, sondern auch andere Argumentationsformen bis hin zum — logisch nicht auflösbaren — Sorites oder Haufenschluß[94].

Der Humanist fordert daher nicht — wie immer wieder unterstellt wird — die Logik durch die Rhetorik zu ersetzen[95], sondern sie, als Sonderfall sprachlicher Argumentation, in die allgemeine Argumentationslehre zu reintegrieren. Diese Forderung der Reintegration dient allerdings nicht nur der Vermittlung kategorial-begrifflichen Wissens in die Realität der Erfahrung und darum letztlich dem Nachweis seiner Praxisrelevanz bzw. der Anwendung von Wissenschaft im — technischen — Umgang mit der Realität, sondern hat noch einen weiteren Grund. Ob ich, im Angesicht eines Problems, einer Frage an die Realität, mich zu ihrer Beantwortung der syllogistischen oder einer anderen Argumentationsform bediene, ist nicht beliebig, sondern hängt davon ab, welcher Art die Argumente sind, die mir zur Verfügung stehen, bzw. welche Art von Argumenten ich zu ihrer Beantwortung zu finden vermag. Die Frage der Argumentationsform ist daher nicht a priori zu entscheiden, sondern ist bedingt durch die Argumentenfindung, und so kann Valla, die Beziehung zwischen Rhetorik und Dialektik näher bestimmend, erklären, daß der Syllogismus als eine bestimmte Form der Argumentation ein Teil der Topik, der Lehre von der Auffindung von Argumenten sei[96].

Die Integration der Logik in die Rhetorik dient daher nicht nur der Vermittlung kategorialen Wissens in die Praxis, sondern auch der Umorientierung der Wissenschaft von der Sorge um die Sicherung der Widerspruchsfreiheit innerhalb eines tradierten begrifflichen Modelles zum Bemühen um die Erweiterung dieses begrifflichen Modelles durch neue Aspekte der Realität. Insofern daher die Integration der Logik in die Rhetorik verstanden werden kann als Unterordnung der Beweislehre unter die Findungslehre, ist sie identisch mit der Rehabilitation der Topik-Tradition für die Lehre von der Wissenschaft und fordert sie als vorrangige Aufgabe der Wissenschaft die Entwicklung einer Forschungs- und Findungsmethode.

Rudolph Agricola wird in der Nachfolge Vallas mit seiner Schrift *De inventione dialectica* dieser Forderung nachzukommen versuchen[97] und Petrus Ramus wird mit seinem Versuch eine ‚Universal-

---

93 Valla (1982) I, 244—275 (II, 20—22), identisch mit Quintilian (1959) 245—272 (V, 8—10).
94 Valla (1982) I, 306—355 (III, 12—17).
95 Vgl. z.B. Cassirer (1969) 1.
96 Valla (1982) I, 175 (II, Prooemium); ,,Nam quid alius est dialectica quam species confirmationis et confutationis? He ipse sunt partes inventionis, inventio una ex quinque rhetorice partes".
97 Agricola (1967). Den Ansatz zu diesem Programm gibt Valla in seiner Er-

topik', d.h. ein System aller möglichen an die Realität stellbaren Fragen, zu entwickeln, einen Weg einschlagen, der, wenn er auch sein Ziel einer die Realität als ganzer umfassenden Wissenschaft nicht erreicht, doch die Philosophie bis ins 18. Jahrhundert hinein beschäftigen wird[98]. So wie das Gelingen des Versuches von Ramus und seinen Nachfolgern, eine universale Topik und damit eine universale Wissenschaft zu begründen, Vallas Modell einer frageabhängigen, erfahrungsbedingten und daher niemals abgeschlossenen Wissenschaft der Realität widerlegt hätte, so hat das Scheitern dieses Versuches Vallas Modell bestätigt und in der modernen Einsicht in die Abhängigkeit wissenschaftlicher Erkenntnis von der verwandten Forschungsmethode ihren Niederschlag gefunden.

---

setzung skeptischen Nichtwissens durch das Konzept einer fortschreitenden, wenn auch nie abzuschließenden Erweiterung des Wissens, vgl. *De libero arbitrio*, Z. 127–133.
98 Vasoli (1968); Schmidt-Biggemann (1983); Bruyère (1984).

*VIII. Vallas Moralphilosophie*

Wie ein solches Verständnis von Philosophie und Wissenschaft sich konkret auswirkt, muß Valla zeigen im Augenblick, in dem er nicht nur, wie in seiner historisch-philologischen Arbeit, historische Erfahrung der Realität als mögliche Argumente eines wissenschaftlichen Diskurses zu sichern versucht, sondern selbst inhaltliche Probleme der Philosophie zu lösen sich anschickt; und dies geschieht in seinen moralphilosophischen Schriften: in *De vero falsoque bono*[99] und dem als dessen Ergänzung bezeichneten Dialog *De libero arbitrio*.

Daß Valla sich für seine nicht formale, sondern inhaltlich philosophische Produktion gerade moralphilosophischen Problemen zuwendet, ist im Kontext des Humanismus nicht überraschend. Nicht zufällig gehörte die Moralphilosophie als einzige philosophische Disziplin zu den Fächern der *studia humanitatis*, war doch der Bruch zwischen konzeptionellen Modellen und Realität auf dem Gebiet des Handelns besonders schmerzlich deutlich geworden und das Problem einer Orientierungs- und Handlungslehre in einer kontingenten, vom absolut freien Gott gelenkten Welt besonders dringend. Schon Petrarca hatte gegenüber der traditionellen aristotelischen Ethik deren Abstraktheit beklagt[100] und hatte zu deren Überwindung die Viten berühmter Männer als Beispiel menschlicher Tugend beschrieben[101], hatte eine nach dem Tugendkatalog geordnete Beispielsammlung als Mittel zu deren Konkretisierung verfaßt[102] und unter dem Titel „Heilmittel gegen Glück und Unglück" eine überaus erfolgreiche Sammlung von Argumenten zur Orientierung in unterschiedlichen Lebenslagen veröffentlicht[103]. Auch die auf Petrarca folgenden Humanisten von Salutati bis Bruni, von Poggio bis Alberti und Palmieri haben sich der moralphilosophischen Problematik angenommen und dem Bedürfnis nach Handlungsorientierung unter den Zeitgenossen zu begegnen versucht[104]. Wodurch Valla sich von all diesen Humanisten unterscheidet, ist, daß er Moralphilosophie nicht in pragmatischer Hinsicht schreibt, sondern sich, wie schon der Titel zeigt, anheischig macht, das Problem der

---

99 Valla (1970 b).
100 Petrarca (1906) 68 (dt. Petrarca (1910) 172 f.): „Ich habe, wenn ich mich nicht sehr täusche, alle ethischen Bücher des Aristoteles gelesen ... Ich bin durch diese Bücher gelehrter, aber nicht besser geworden ... Ich sehe wohl, daß er das Wesen der Tugend ganz vortrefflich erkärt und sehr scharf und eingehend die Eigenschaften der Tugend und des Lasters behandelt. Aber wenn ich das gelernt habe, so weiß ich ein ganz klein wenig mehr, als ich vorher wußte, ich selbst aber, meine Seele und mein Wille, sind ganz dieselben geblieben wie zuvor".
101 Petrarca (1964).
102 Petrarca (1945).
103 Petrarca (1965); Petrarca (1975). Zur Verbreitung vgl. Fiske (1888).
104 Rice (1958).

Ethik und der Frage nach dem wahren Guten prinzipiell zu erörtern, und die Radikalität, mit der er, wie der alternative Titel *De voluptate* andeutet, der überlieferten Tugendlehre zu widersprechen sucht.

Hinter dieser Radikalität verbirgt sich, wie Valla im Vorwort erklärt, eine doppelte Absicht: einerseits will Valla die philosophische Ethiktradition die, exemplarisch in der Stoa, die Tugend oder, im römischen Gewand, die *honestas*, die Ehrbarkeit, als höchstes Gut und letztes Ziel des Menschen lehrt, auf dem Boden der Philosophie selbst widerlegen, und zum anderen will er im dritten und letzten Buch des Werkes zeigen, daß für einen Christen das höchste Gut und letzte Ziel im Jenseits, nicht in dieser Welt liegt und daher nicht durch philosophische Argumente sondern durch die Inhalte des christlichen Glaubens zu bestimmen ist[105]. Die Tatsache, daß er für beide, das philosophische wie das christliche höchste Gut bewußt den epikureisch belasteten Begriff der *voluptas*, der Lust, wählt und gleichzeitig seine eigene Position durch die Form des Dialogs verschleiert, haben zu einer außerordentlich kontroversen Rezeption der Schrift geführt[106], die erst in den letzten Jahren, durch Einordnung in Vallas Gesamtwerk, eine zuverlässige Orientierung gefunden hat[107].

Betrachtet man Vallas Schrift über das wahre Gute von seiner Dialektik aus, dann wird deutlich, daß in der bewegten, durchaus scharfsinnigen und nicht ohne Witz geführten Diskussion das zentrale Argument gegen die stoische Tugendlehre die Idealität des Tugendbegriffes selbst ist, der, weil er *per definitionem* von keinem Menschen eingelöst werden kann, ein leerer Begriff ist[108] und deshalb weder auf die erfahrbare Realität bezogen werden kann noch Orientierung im konkreten Handeln des Menschen zu geben vermag. Denn die Frage nach seiner Bedeutung läßt sich wiederum nur mit anderen Begriffen beantworten, die ebenso leer sind, und führt nicht zu als real erfahrbaren

---

105 Valla (1970 b) 2 f. (Prooemium 7): „Ut autem ad rem redeam, cum stoici acerrime omnium honestatem asserant, satis nobis videtur hosce adversarios contra nos statuere, assumpto patrocinio epicureorum. Quod cur fecerim postea reddam rationem, et licet ad refellendam ac profligandam stoicam nationem omnes libri pertineant, tamen primus voluptatem solum bonum, secundus philosophorum honestatem ne bonum quidem esse ostendit, tertius de vero falsoque bono explicat. In quo non ab re fuerit, de paradiso quam lucidissime quasi panegyricum condere ut audientium animos ad spem veri boni quoad possem evocemus".
106 Einen Überblick über die Rezeptionsgeschichte gibt Fois (1969) 98–104.
107 Fois (1969); Trinkaus (1970) 105–150; Gerl (1974); Panizza Lorch (1985).
108 Valla (1970 b) 15 (I, 12,1): „Refertis omnia ad inanem quandem sapientiam undique perfectam, undique consummatam ... Nam que per deos affectata suptilitas est sapientem ita describere ut nullus vobis quoque testantibus inventus sit; eum solum beatum, solum amicum, solum bonum, solum liberum esse ... Ebd. 16 (§ 3): „Ubi igitur inveniuntur virtutes si non inveniuntur in hominibus?"

Inhalten, sondern bleibt im Zirkel nominaler Definitionen[109]. Der stoische Tugendbegriff erweist sich damit als Musterbeispiel nominalistischer Wissenschaft, der es allein um begrifflich-kategoriale Widerspruchsfreiheit zu tun ist, ohne das Problem ihrer Vermittlung in die Realität, ihrer Realitätsadäquanz, überhaupt reflektieren zu können und zu wollen.

Indem Valla diesem leeren Begriff stoischer *honestas* die Lust, *voluptas*, entgegensetzt, beansprucht er nicht nur, einen Leitbegriff zu setzen, der von allen Menschen, selbst von den Vertretern der Tugendlehre, in der Praxis des Lebens eingelöst wird, sondern — und das scheint das Entscheidende zu sein — ein sprachliches Zeichen zu verwenden, mit dem alle, die des Lateinischen mächtig sind, eine sinnlich erfahrbare Realität verbinden, nämlich „eine freudige Bewegung des Geistes und ein süßes Behagen des Leibes"[110], und das daher, im wahrsten Sinne des Wortes, nicht sinnentleert, sondern sinnvoll ist.

Erst auf einer solchen sinn- und realitätshaltigen Grundlage läßt sich eine Ethik aufbauen, die nicht nur ein begriffliches System ist, sondern in die Praxis des Umgangs mit der Realität vermittelt werden kann. In Hinblick auf sie, das einzige reale Gute, können daher auch die Tugenden als Mittel, das größere anstelle des geringeren Guten, die größere anstelle der geringeren Lust zu erstreben, einen realitätsbezogenen Sinn erhalten, wie Valla am Ende seines zweiten Buches zugesteht[111]. Und wenn Valla dann im dritten Buch diese auf der Realität der Lust gegründete philosophische Ethik durch eine christliche Ethik ersetzt, so nicht, um der Ethik eine andere, von der Lust verschiedene Grundlage zu geben, sondern um die vom Christen geglaubte Realität eines jenseitigen Lebens als letztes Ziel des Menschen in der Terminologie der Lust als höchste Lusterfahrung überhaupt zu beschreiben

---

109 Valla (1970 b) 62 (II, 15, 1): „Quid est iuste agere? ... Idem quod honeste. Quid porro honeste? Id ipsum quod cum virtute agere. Quid autem est virtus? Bonum, inquies, non propter aliud sed propter se expetendum et suapte natura laudandum. At quid est bonum? Substantiane an actio an qualitas? (Dies sind die drei Kategorien Vallas, vgl. oben, Anm. 82) Dices actio. Sed que actio? Virtutis inquies et honestatis. At ego nescio quid sit honestas et virtus. Revertemur itaque eo unde venimus ... Ex quo plane constat honestatem vocabulum quoddam esse inane et futile, nihil expediens, nihil probans et propter quid nihil agendum est".

110 Valla (1970 b) 21 (I, 15, 1): „Voluptas igitur est bonum undecunque quesitum, in animi et corporis oblectatione positum ... Huic verbo omnes, qui ubique sunt, duas res subiiciunt: leticiam in animo commotione suavi, iocunditatem in corpore". Ebd. 22 (I, 16, 1): „Quod igitur voluptas sit bonum cum multis eminentissimis auctoribus video placuisse, tum ipsa testatur consensio communis". Vgl. dazu Grassi (1986) 99–109.

111 Valla (1970 b) 89 (II, 33, 1): „Dicimus itaque honestum id esse genere quod virtutes specie, que virtutes ad finem utilitatis referuntur. Igitur hi honeste agent, qui maiora commoda minoribus, minora incommoda maioribus anteponent ..., inhoneste vero qui hec prepostere facient".

und damit einerseits dem immanenten philosophischen Guten das transzendente christliche Gute überzuordnen und andererseits die durch die Kontamination mit der Philosophie zur reinen Begrifflichkeit erstarrte Morallehre der Theologie in gleicher Weise mit der Realität der Werterfahrung zu versöhnen.

So erweist sich Vallas Schrift über das wahre Gute als ein prinzipieller, nicht nur pragmatischer Versuch, die von allen Humanisten schmerzlich empfundene Realitätsferne der traditionellen Ethik, die im Kontext des Nominalismus zum widerspruchsfreien System von Wertbegriffen geworden war, in die Sprache der Erfahrung zurückzuvermitteln und auf der Realität des natürlichen Lebens und der christlichen Glaubensinhalte neu zu begründen.

## IX. Die Schrift über den freien Willen

Mit dem kleinen, im Jahre 1437 am Hofe des Königs Alfons in Neapel fertiggestellten Dialog *De libero arbitrio* setzt Valla die prinzipielle Erörterung der moralphilosophischen Problematik sowohl inhaltlich als auch hinsichtlich der eingeschlagenen Lösungstendenz fort. Tatsächlich setzt ja jeder Versuch, menschliches Handeln zu regeln und zu normieren, setzt jede Morallehre voraus, daß der Mensch solchen Regeln und Normen in seinem Handeln zu folgen vermag und daher nicht determiniert sondern frei ist. Eine Begründung der Ethik ist daher nicht möglich ohne eine entsprechende Sicherung der Freiheit des menschlichen Willens bzw. des Bereiches, innerhalb dessen der Mensch frei ist und daher eine Orientierung nötig und eine Normierung möglich ist.

Valla weist auf diesen Zusammenhang hin, wenn er sich, im Vorwort zu *De libero arbitrio* auf die *Consolatio philosophiae*, den Trost der Philosophie von Boethius[112] bezieht, eine der meistgelesenen Schriften des Mittelalters[113], deren erste vier Bücher der Sicherung des wahren Gutes des Menschen gewidmet ist, während das fünfte und letzte Buch das Problem der Willensfreiheit erörtert. Die Weise jedoch, in der er sich auf Boethius bezieht, nämlich mit dem Anspruch, des Boethius philosophische Lehre vom wahren Guten in *De vero bono* widerlegt zu haben und die vom freien Willen nun abschließend ebenso zu widerlegen[114] und die generelle Begründung, die er für dessen Widerlegbarkeit nennt — nämlich eine allzu enge Kontamination von Philosophie und Theologie zum Schaden des Christentums und der Wahrheit[115], machen deutlich, daß Vallas Strategie auch in der Schrift über den freien Willen darauf abzielt, die traditionelle philosophische Lösung *ad absurdum* zu führen und durch eine dem Christentum eigene Lösung zu ersetzen. Dieser Strategie entsprechend diskutiert Valla in einem ersten Teil die philosophische Argumentation und Lösung des Boethius[116], gibt in einem zweiten Teil die seines Erachtens richtige philosophische Problemstellung[117] und löst diese dann im dritten Teil seines Dialogs nicht mit philosophischen Argumenten, sondern solchen, die aus der geglaubten Realität christlicher Offenbarung stammen[118], um dann in einem Schlußwort die Konsequenzen aus dieser Lösung zu ziehen[119].

---

112 Boethius (1957); Boethius (o.J.).
113 Courcelle (1939); Boethius (1957) XXII–XXVI.
114 Z. 49–55.
115 Z. 4–51.
116 Z. 188–385.
117 Z. 386–594..
118 Z. 595–764.
119 Z. 765–848.

Bei Boethius stellt sich das Problem der Willensfreiheit durchaus in radikaler Formulierung: einerseits braucht der Mensch, um in seiner Welt sicher sein und sich durch Erkenntnis orientieren zu können, eine der Notwendigkeit des Erkennens entsprechende Ordnung der Welt, deren Garant der alles wissende und vorhersehende Gott ist[120], auf der anderen Seite nimmt gerade diese göttliche Vorsehung und die ihr entsprechende notwendige Ordnung dem Menschen jede Freiheit, verantwortlich in dieser Welt zu handeln und mit ihr auch jede — im Gebet sich manifestierende — Hoffnung, daß diese Ordnung sich zum Besseren für ihn wenden möge[121]. Boethius versucht, diesen existentiell unbedingt zu lösenden Widerspruch philosophisch-rational aufzulösen. Er sieht, daß eine solche rationale Lösung auf der Ebene, auf der sich der Widerspruch manifestiert, nicht möglich ist, und sucht und findet sie daher auf einer philosophischen Metaebene[122].

Ausgehend von der Beobachtung, daß es im Bereich des Menschen unterschiedliche Ebenen der Erkenntnis gibt: Wahrnehmung — Vorstellung — Rationalität, deren jede, im Vergleich zur ihr untergeordneten allgemeiner und abstrakter, im Vergleich zur je übergeordneten aber partikularer und konkreter ist, setzt Boethius, analog zu dieser Hierarchie der Erkenntnisvermögen und diese nach oben fortsetzend, für das göttliche Vorherwissen eine allem menschlichen Erkennen übergeordnete Erkenntnisweise an, die *intelligentia*, die im Unterschied zur *ratio* von Raum und Zeit unabhängig ist und durch die daher Gott alles, was der Mensch im zeitlichen Nacheinander von Vergangenheit, Gegenwart und Zukunft erkennen muß, gleichsam in einem Augenblick zugleich sieht[123]. Der logische Widerspruch eines Nebeneinanders von göttlichem Vorherwissen und menschlicher Freiheit löst sich daher auf in ein hierarchisches Übereinander zweier Realitäts- und Erkenntnisstrukturen und deren Verschiedenheit. Die gleiche Realität, die für menschliches Erkennen und Verstehen zeitlich auseinandergezogen und daher, was die Zukunft angeht, noch nicht bestimmt ist, ist für die göttliche Erkenntnis zu einem Augenblick kontrahiert und daher, als gegenwärtig, immer schon bestimmt und notwendig.

Vallas Einwand gegen dieses Lösungsmodell, das durch die Jahrhunderte des Mittelalters im großen und ganzen Bestand gehabt hatte, ist radikal und entlarvend: „Was soll ich über die anderen sagen, wenn selbst Boethius, dem in der Behandlung dieser Frage von allen der erste Rang zugesprochen wird, das, was er sich vorgenommen hat, nicht erfüllen kann, sondern zu eingebildeten und erlogenen Dingen seine Zuflucht nimmt? Er sagt nämlich, daß Gott durch die Einsicht,

---

120 Boethius (1957) 88 f. (V, Pr. 1); (o.J.) 132—134.
121 Boethius (1957) 90—94 (V, Pr. 2—3); (o.J.) 135—141.
122 Boethius (1957) 95—98 (V, Pr. 4); (o.J.) 142—147.
123 Boethius (1957) 99—105 (V, Pr. 5—6); (o.J.) 148—161.

die über dem Verstand ist, und durch die Ewigkeit alles wisse und alles gegenwärtig habe. Aber ich, der ich ein mit Verstand begabtes Wesen bin und nichts außerhalb der Zeit erkenne, wie kann ich zur Erkenntnis der Einsicht und der Ewigkeit zu kommen hoffen? Ich habe den Verdacht, daß nicht einmal Boethius dies eingesehen hat, sofern wahr ist, was er gesagt hat, was ich nicht glaube. Denn man kann wohl kaum sagen, es spreche einer wahr, wenn seine Rede weder er selbst noch ein anderer versteht"[124].

Wenn also die Lösung des Boethius auf der dem menschlichen Verstand übergeordneten göttlichen Erkenntnisweise der zeitlosen Einsicht beruht, wie kann dann Boethius, wie kann ein Mensch, wie kann der Philosoph etwas von dieser göttlichen Einsicht wissen, da doch *per definitionem* diese Einsicht jenseits der Erkenntnisweise des Menschen liegt und der Mensch *per definitionem* an sie nicht heranreicht? Wenn Boethius von dieser göttlichen Einsicht spricht, dann spricht er von leeren Begriffen, die zwar in Analogie zu anderen Begriffen gewonnen und die durch andere Begriffe definiert werden können, deren Realität aber, die *res*, auf die sie verweisen, nicht Gegenstand der menschlichen Erfahrung und Erkenntnis sein können und daher eingebildete und erlogene Dinge, *res imaginarias et commentitas*, sind. Diese rein begrifflich-formale Lösung des Boethius, die in der Realität des Menschen nicht eingeholt werden kann, kann daher auch nicht wahr sein, d.h. sie kann für die Lösung des Problems keine reale Bedeutung haben, da in der dem Menschen zugänglichen Realität Freiheit bedeutet, daß etwas so oder so geschehen kann, also kontingent ist, Vorherwissen aber, daß etwas notwendig so geschehen muß, so daß folglich Kontingenz und Notwendigkeit weiterhin als unüberbrückbarer Widerspruch nebeneinander bestehen bleiben.

Und dies ist in der Tat zunächst das Ziel des Valla'schen Dialogs, zu zeigen, daß in den Grenzen der dem Menschen gegebenen, an die Zeit gebundenen Erkenntnismöglichkeit und ihren durch menschliche Erfahrung einholbaren realen Inhalten das Problem der Willensfreiheit nicht gelöst werden kann[125]. Deshalb konnten Luther und Erasmus Valla als Leugner der Willensfreiheit verstehen[126] und konnte Cassirer davon sprechen, daß Valla das Problem vor den Richterstuhl der natürlichen Vernunft ziehe[127]. Und doch greift diese Interpretation Cassirers zu kurz: nicht nur deshalb, weil Vallas Dialog damit durchaus noch nicht an seinem Ziel ist, sondern auch, weil Cassirers Begriff der „natürlichen Vernunft" für Vallas Kritik an Boethius eine philosophische Evidenz reklamiert, die ihr vor der Geschichte der Philosophie nicht schlechthin zukommt sondern nur vor dem Hintergrund der no-

---

124 Z. 153–164.
125 Z. 386–396.
126 Vgl. oben, Anm. 7–8.
127 Vgl. oben, Anm. 22.

minalistischen Trennung von Begrifflichkeit und Realität, für die das Erfahrungsdefizit der Lösung des Boethius zugleich ein Realitätsdefizit darstellt.

Vallas Kritik an Boethius und der Philosophie beruht darum auch hier wieder auf nominalistischem Fundament, insofern sie der rein begrifflichen Lösung des Boethius die Realitätsadäquanz abspricht; sie impliziert aber zugleich auch eine Kritik an der nominalistischen Position selbst, insofern Valla sich nicht mit einer auf die Widerspruchsfreiheit von Begriffen reduzierten Wahrheit zufrieden gibt, sondern deren Einholbarkeit in der Erfahrung fordert, ohne die Begriffe ‚eingebildete und erlogene Dinge' sind.

Im Sinne dieser in Vallas gesamtem Werk zu beobachtenden doppelten Frontstellung vollzieht sich nun im zweiten Teil des Dialogs eine Neudefinition des Problems, deren Kernstück nicht eine begrifflich-abstrakte Deduktion ist, sondern ein mittelbare Erfahrung ermöglichender Mythos. Dieser erzählt von Tarquinius Superbus, jenem König aus römischer Vorzeit, der sich zum Tyrannen aufspielte und von den Römern deshalb endlich vertrieben wurde. Als noch junger und unschuldiger Mann sei er zu Apollo, der die Zukunft vorherweiß, gekommen und dieser habe ihm sein verbrecherisches Tun und sein unrühmliches Ende als unabänderlich vorhergesagt. Auf die Bitten des Tarquinius, Apollo möge ihm ein anderes Schicksal vorhersagen, auf die Anklagen, Apollo sei ungerecht, antwortet dieser, daß er, Apollo, dem Tarquinius kein anderes Schicksal vorhersagen könne und auch an der Zukunft nichts zu ändern vermöge, denn diese sei nicht von ihm, dem Vorherwisser, sondern von Jupiter, dem göttlichen Willen, festgesetzt[128].

Mit diesem Mythos vollzieht Valla nach, was im späten Mittelalter bei Scotus vorgezeichnet war. Wenn im Kontext eines philosophisch geforderten Determinismus das Problem der Willensfreiheit in ihrer Vereinbarkeit mit der Notwendigkeit aller mundanen Prozesse und des ihr entsprechenden göttlichen Vorherwissens bestand und seine Lösung in des Boethius Modell einer göttlich-überzeitlichen Realität finden konnte, dann hatte der Voluntarismus des Scotus[129], indem er der Welt als Ganzer den Charakter der Kontingenz verlieh und Gott die Freiheit einer kontingent wirkenden Ursache sicherte, das göttliche Vorherwissen, seine Allwissenheit, seiner Allmacht, der *potentia absoluta* untergeordnet[130]. Damit stand das göttliche Vorherwissen, da nicht mehr Zeugnis kosmologischer Determiniertheit sondern göttlichen Wollens, nicht mehr im Gegensatz zu Kontingenz und Freiheit überhaupt und mußte daher auch nicht mehr als Bedrohung der

---

128 Z. 456–483.
129 Vgl. oben, Anm. 39–41.
130 Vgl. Normore (1982).

menschlichen Willensfreiheit verstanden werden. Stattdessen aber erstand dem menschlichen Willen eine neue Bedrohung in dem, was über die Inhalte des Vorherwissens entschied: in der Allmacht des göttlichen Willens. Vallas Verschiebung des Problems der Freiheit des Willens im Rahmen des Mythos von Apollo, als dem Repräsentanten des göttlichen Vorherwissens, zu Jupiter, als dem Repräsentanten des allmächtigen göttlichen Wollens, ist daher nicht mehr und nicht weniger als eine Neuformulierung des Problems in der Gestalt, in der es im voluntaristischen Kontext auftritt, zu dem sich daher auch Calvin mit seiner Zustimmung zu dieser Neuformulierung bekennt[131].

Aber auch diese Neuformulierung bringt, wie die Interpretation des Mythos im Folgenden zeigt, das Problem seiner Lösung nicht näher – und dies, obwohl Valla seit der mythischen Erzählung die Ebene der begrifflichen Erörterung verlassen hat und konkret – exemplarisch und damit im Bereich zumindest möglicher Erfahrung argumentiert. Wenn Vallas Gesprächspartner zum Abschluß dieses zweiten Teiles genau zu diesem Ergebnis kommt und darüber hinaus hinzufügt, daß die Leugnung der Willensfreiheit die logische Konsequenz auch dieser Problemstellung und dieser Weise ihrer Erörterung ist[132], dann impliziert dies die These, daß das Freiheitsproblem weder in der deterministischen noch in der voluntaristischen Formulierung und weder auf der Ebene der begrifflichen noch auf der Ebene der von Valla propagierten empirisch-sprachlichen Argumentation philosophisch zu lösen ist. Wiederum scheinen also jene, die bei Valla die Leugnung der Willensfreiheit zu finden meinen, wie Luther und Erasmus, bestätigt zu werden.

Aber auch dies ist noch nicht das Ende des Dialogs, sondern nur die Vorbereitung jener Lösung, die Valla im Prooemium als „etwas Eigenes und außerhalb des von anderen Gesagten" angekündigt hatte[133]. Um Vallas Versuch, das Problem dennoch zu lösen, verstehen und einschätzen zu können, scheint es nützlich zu sein, für einen Augenblick auf Leibniz zu sehen. Leibniz referiert, wie schon gesagt, am Ende seiner Theodizee den Mythos Vallas zustimmend und übernimmt damit seine Problemdefinition. Um aber zu einer Lösung zu gelangen, setzt er den Mythos ergänzend fort: Nachdem Sextus von Jupiter abgewiesen worden sei, habe dessen Priester, Theodorus, Zweifel an der Güte des göttlichen Willens geäußert und sei von Jupiter an Pallas Athene, die göttliche Weisheit, verwiesen worden. Diese, die mit einem Blick die Gesamtheit all dessen, was möglich ist, überschaue, habe ihm die Vielzahl aller möglichen Welten gezeigt und ihm nachgewiesen, daß die von Jupiter gewählte die beste aller möglichen Welten

---

131 Vgl. oben, Anm. 10.
132 Z. 585–592.
133 Z. 56 f.

sei — der darum auch jeder menschliche Wille zustimmend sich einordnen könne, was Theodorus mit dem Schicksal versöhnt habe[134].

Mit dieser Fortsetzung des Mythos unterwirft Leibniz die absolute und daher schlechthin ungebundene Freiheit des göttlichen Willens der göttlichen Weisheit und damit einer neuen Notwendigkeit, die den göttlichen Willen einerseits, durch eine wenn auch unvorstellbar große, so doch begrenzte Zahl von Wahlmöglichkeiten einschränkt und andererseits moralisch bindet, die beste von ihnen zu wählen. Er neutralisiert damit das Problem des Aufeinanderprallens zweier freier Willen, indem er die Allmacht des göttlichen Willens neutralisiert und gleichzeitig dem Menschen garantiert, daß, solange er nur das Bestmögliche, dem er sich durch rationale Abwägung aller Möglichkeiten zumindest annähern kann, will, die kontingente Welt seinem, dem menschlichen, Wollen entsprechend verfaßt ist.

Auf diese Weise holt Leibniz das Problem der Konkurrenz zweier einander entgegenstehender freier Willen, die rational nicht mehr zu determinieren waren, auf die Ebene der Rationalität zurück, insofern er ein rational faßbares Kriterium — das beste Mögliche — angibt, auf das hin das Maß der göttlichen wie der menschlichen Freiheit in jedem Falle kalkuliert werden kann. Allerdings gelingt die Re-rationalisierung nur unter der Bedingung, daß der Mensch die Grundannahme, diese Welt sei die beste aller möglichen, akzeptiert. Dies kann zwar im Mythos von der göttlichen *sapientia*, unter Durchlaufen aller Möglichkeiten, nachgewiesen werden, ist aber für die menschliche Ratio nicht beweisbar, und daß der Mensch in Ansehung dessen, was ihm in dieser Welt erfahrbar gegeben ist, nicht unbedingt Anlaß hat, diese Grundannahme zu akzeptieren, das wird, wenige Jahre nach Leibniz' Theodizee, Voltaire in seinem *Candide* zeigen[135].

Dieser mißlungene Versuch Leibnizens, das Problem der Willensfreiheit und der Theodizee rational aufzulösen, scheint zu bestätigen, daß Vallas Kritik an einer philosophischen Sicherung der Willensfreiheit nicht nur das Problem trifft, wie es sich für Boethius stellt, als Konkurrenz von Freiheit und Notwendigkeit, sondern auch in der Form, die er selbst definiert, als Konkurrenz zweier freier Willen. Denn auch Leibniz muß zu „eingebildeten und erlogenen Dingen" seine Zuflucht nehmen, zum leeren Begriff der besten aller möglichen Welten, die in der menschlichen Erfahrung, nach Voltaire, auch im 18. Jahrhundert nicht gegeben ist und *per definitionem* nur der göttlichen Weisheit zugänglich ist, die gerade nicht die unsere ist.

Der mißlungene Versuch Leibnizens scheint damit ebenso Vallas Verzicht auf einen solchen Versuch rationaler, philosophischer Freiheitssicherung wie seinen Versuch, neue, eigene Wege zu gehen, zu le-

---

134 Vgl. oben, Anm. 14.
135 Voltaire (1959).

gitimieren. Betrachtet man diesen Weg von außen, so scheint er eher einer Flucht in die Theologie ähnlich zu sehen. Unter ausführlicher und ständiger Berufung auf Paulus verweist Valla darauf, daß Gottes Wille nach unergründbaren Ratschlüssen handelt und daher Gott vom Menschen weder zur Rechenschaft gezogen noch berechnet werden kann[136]; er verschärft das Problem der göttlichen Willkür noch weiter, indem er betont, daß Gott verstockt, wen er will, und sich erbarmt, wessen er will, und er lindert die menschliche Situation des Ausgeliefert-Seins an eine unerkennbare und unberechenbare Macht lediglich dadurch, daß er die durch Christi Tod erlangte Gnade und Befreiung von der Erbsünde allen getauften Christen zuspricht[137].

Es war wohl diese rational so wenig ergiebige, in die Theologie sich flüchtende Argumentationsweise, die Kristeller veranlaßt hat, den Dialog als Zeugnis für Vallas Irrationalismus zu bezeichnen[138] und man kann sich in der Tat fragen, ob nicht auch Valla — wie Boethius und Leibniz — zu erlogenen und eingebildeten Dingen seine Zuflucht nimmt, mit dem alleinigen Unterschied, daß jener Einbildungen philosophischer, Vallas aber religiöser Natur sind. Aber mitten in diese von Bibelzitaten gespickte Argumentation setzt Valla eine rhetorische Frage, die den Anspruch erhebt, die Willensfreiheit zu sichern: „Wir aber fragen allein dies: wie denn ist Gott gut, wenn er den freien Willen nimmt? Er würde ihn aber nehmen, wenn es nicht möglich wäre, daß es anders kommt, als es vorhergewußt wurde"[139].

Wenn wir diese rhetorische Frage analysieren, so enthält sie folgenden Syllogismus:

1. Gott ist gut und alles, was er tut, ist gut
2. Den freien Willen zu nehmen, ist nicht gut
   Der freie Wille kann nicht genommen sein
3. Freier Wille impliziert, daß es auch anders kommen kann
   Also muß es auch anders kommen können

Die zweite und dritte Prämisse dieses Syllogismus können wir als unproblematisch annehmen, denn daß der freie Wille gut ist, ist im Kontext der ganzen Diskussion vorausgesetzt, da man sich sonst nicht um seine Sicherung bemühen müßte, und daß er identisch ist mit der Möglichkeit, ihn auch im Handeln zu realisieren, scheint ebenso mit dem affirmativen Begriff des freien Willens gegeben zu sein, wo aber nicht, so kann man es, in Hinblick auf die Sicherung des freien Willens, beim ersten Schluß belassen.

---

136 Z. 634—655.
137 Z. 714—721.
138 Vgl. oben, Anm. 27.
139 Z. 669—672.

Problematisch wäre also allein die erste Prämisse: Gott ist gut. Philosophisch ist diese Prämisse nicht haltbar, wenn und insofern philosophische Gottesbeweise nicht haltbar sind; philosophisch würde es sich um leere Begriffe ebenso handeln wie bei des Boethius Aussagen über Gottes zeitlose Einsicht: wie kann ich das wissen? Gott ist nicht Gegenstand meiner konkreten Erfahrung, und Descartes wird später zumindest die Möglichkeit eines *genius malignus* zugestehen. Betrachte ich diese Prämisse jedoch als theologische und beweise aufgrund der Güte Gottes die Freiheit des menschlichen Willens ‚theologisch', dann bewege ich mich auch hier auf der Ebene kategorialer Begrifflichkeit, deren Abstand zur Realität des Glaubens gerade dadurch deutlich wird, daß die in diesem Beweisverfahren vorgenommene logische Bindung des göttlichen Willens dessen Freiheit aufheben würde.

Da die Prämisse „Gott ist gut", gleichgültig, ob ich sie in einem als philosophisch oder als theologisch verstandenen Schlußsatz verwende, ein leerer Begriff wäre, der zwar ein widerspruchsfreies Begriffssystem, nicht aber eine Aussage über die Realität ermöglichte, muß Valla einen Weg suchen, wie ein solcher argumentativer Zusammenhang zwischen Willensfreiheit und göttlicher Güte Realitätsadäquanz erhält und aus der Leere reiner Begrifflichkeit in die Konkretheit der Erfahrung vermittelt wird. Und dies geschieht, indem er in der rhetorischen Frage zwar den Zusammenhang zwischen Güte Gottes und Freiheit des menschlichen Willens affirmativ formuliert, die Prämisse aber, von der die Gültigkeit dieses Zusammenhangs abhängt, als eine ungesicherte und vom Gesprächspartner einzulösende in den Raum der christlichen Glaubenserfahrung stellt: in den Kontext der biblischen Aussagen, die den dritten Teil seines Dialogs weitgehend bestimmen und den Satz von der prinzipiellen Güte Gottes, der jenseits aller berechenbaren Gerechtigkeit sich des Menschen erbarmt, für jeden Christen nachvollziehbar machen können.

Die Lösung des Problems der Willensfreiheit bei Valla lautet deshalb nicht, daß jeder, der recht denken kann und seine Ratio richtig gebraucht, zugeben muß, daß der Wille des Menschen frei ist, sondern daß jeder, der ein gläubiger Christ ist, sofern er nur die Grundlagen des christlichen Glaubens recht bedenkt, zu der Überzeugung kommen können muß, daß der Wille des Menschen frei ist — ohne daß dies des rationalen Beweises fähig wäre. Wenn daher Valla in seinem Schlußwort erklärt: „Wir stehen im Glauben, nicht in der Wahrscheinlichkeit von Gründen. Würde das Wissen darum viel zur Stärkung des Glaubens beitragen?"[140], muß dies nicht bedeuten, daß er einem unausgewiesenen Irrationalismus das Wort redet, sondern einer Argumentationsweise, die im Sinne seines Wissenschaftskonzeptes nicht leere Begriffe ra-

---

140 Z. 792 f.

tional verknüpft, sondern an der Sache selbst sich orientiert und den Nachvollzug der Einsicht in die Sache sicherstellen will, und die Sache ist, trotz aller individuellen Konzeptualisierungen, das, was uns erlaubt, uns über sie zu einigen, wenn wir auf sie bezogen uns verbal verständigen. Sie ist die Grundlage jeder Kommunikation und damit auch jeder Argumentation.

Die Sache aber ist in diesem Falle der Glaube des Christen in der konkreten Formulierung der Offenbarung. Denn wenn das Problem der Willensfreiheit für den Christen aus der Annahme eines voluntaristischen allmächtigen Gottes entsteht, dann ist die Grundverfaßtheit der Realität bereits christlich vorgedeutet und kann nur im Rahmen dieser Vordeutung gelöst werden, so wie auch das Problem des höchsten Gutes für den Christen nicht voraussetzungslos-immanent, sondern nur im Kontext der christlichen Jenseitserwartung geklärt werden konnte.

Ist Valla damit vor allem ein religiöser Denker? Ich glaube nicht. Aber er ist ein Christ und er ist sich bewußt, daß für ihn als Christen die Realität christlich vorgedeutet ist, so wie sie für einen Atheisten atheistisch strukturiert ist und für einen Materialisten materialistisch. Diese Vorstrukturierung der Realität aber ist Teil jener Realität, in der der Mensch lebt und innerhalb derer sich Probleme und Fragen überhaupt erst stellen. Der Glaube, in dem wir stehen, ist daher nicht notwendig der christliche Glaube, sondern ist jenes Licht, in dem Realität überhaupt erst und je sichtbar wird, ist das, was der Realität jene Sicherheit gibt, die uns erlaubt, einen Standpunkt einzunehmen.

Vallas Erörterung des Problems der Willensfreiheit wäre daher nicht vorurteilslos sondern ginge — allerdings bewußt — von einem, dem christlichen ‚Vorurteil' aus und kann daher auch die Problemlösung nur im Rahmen dieses Vorurteils finden. Inhaltlich ist deshalb diese Lösung nur für den akzeptabel, der dieses Vorurteil, der Vallas Theologie, zu akzeptieren vermag, und in diesem inhaltlichen Sinne ist Vallas Lösung keine philosophisch-rationale, sondern eine theologisch-irrationale. Die philosophisch-rationale Leistung Vallas würde stattdessen eine formale sein: gezeigt zu haben, daß das Problem der Willensfreiheit sich nicht voraussetzungs- und vorurteilslos stellt, sondern immer an rational nicht sicherbare, existentielle Vorentscheidungen gebunden ist und daß der Versuch, ihnen zu entfliehen, identisch ist mit der Flucht in leere Begriffe, in „eingebildete und erlogene Dinge".

## X. Zur Textgestaltung

Diese Ausgabe druckt den mit Zeilenzählung versehenen, allgemein rezipierten Text von Maria Anfossi (Florenz 1934) nach. Die diesem Text zugrunde liegenden Handschriften und Ausgaben sind folgende:
A = Mon.lat. 3561, fol. 295–303, anonym, aus dem Jahre 1461
C = Mon.lat. 17523, fol. 333–346, von Joh. Burger, Mönch aus Scheyren, aus dem Jahr 1468
B = Mon.lat. 78, fol. 24–32, von Hartmann Schedel, aus dem Jahr 1481
Lo = Druckausgabe Louvain 1483
Ba = Druckausgabe Basel 1543
Die im kritischen Apparat erscheinende Sigle
(a) verweist auf die als eine Familie zu bezeichnenden Texte C und Ba, während
(b) auf Gemeinsamkeiten der Texte A, B, Lo verweist.
Im Jahr 1983 hat Jacques Chomarat einen neuen Text vorgelegt, der außer auf den oben genannten auf folgenden Drucken beruht:
Vi = Ausgabe von Vadian, Wien 1516
Di = Ausgabe Köln 1473 (= Hain 6107: Dialogi decem variorum auctorum cum oratione prooemiali, fol. 47$^v$–57)
Die aufgrund von Chomarats zusätzlichen Kollationierungen sich ergebenden Abweichungen vom durch Maria Anfossi konstituierten Text – u.a. zwei Ergänzungen des Textes in Di, die wohl von Valla in späterer Zeit hinzugefügt wurden – sind im folgenden aufgeführt. Wo die Übersetzung diesen Abweichungen folgt, sind sie hier wie in der Übersetzung mit Sternchen * gekennzeichnet:

  44: urbis: om. Chomarat
159: cognitionem: A B Lo C; agnitionem: Di Vi Ba Chomarat
*201: satis: B Di Vi Ba Chomarat; latis satis: A; om. C Lo
207: praevicatorem: A B; praevicaturum: Vi Ba Chomarat
207/
208: praevaricaturum esse: Di; praevaricaturum: A B; praevaricari; Lo C Vi Ba Chomarat
*216: hic: codd.; hinc: Chomarat
*252: diceres: C Vi Ba; dices: A B Lo Di Chomarat
*270: dum... cum: codd.; cum... dum: Chomarat
*294: post „providere": Atque ut id quod dixi auctoritate confirmem, Iheronymus in Ieremia idem eisdem verbis dicit, inquiens ‚Non enim ex eo quod deus scit aliquid futurum esse ideo futurum est, sed quia futurum est, deus novit quasi praescius futurorum' (Vgl. Hieronymus, Migne P.L. 24, 844 B): Di Chomarat
*298: advenerit: C Vi Ba; adveniat: A B Lo Di Chomarat

*304: necessitas afferatur: C; necessitatem afferat: ceteri codd., Chomarat
397: quia: B Ba; qui: A Lo Di C Vi Chomarat
415: esset: A B Di; esse: Lo C Vi Ba Chomarat
*435: abeo: A B Lo C; habeo: Di Vi Ba; aveo: Chomarat
*507: ante „numquid": Recte ais, quia non ideo quod Apollo praevidit Sextus est peccaturus, sed quia hic peccaturus est ille praevidit. Sed: Di
*544: Quid, nisi: codd., praeter Di; Quidni, si: Di
562: virtutem: C; virtutes: ceteri codd., Chomarat
563: alteri incorrigibile: om. Di Vi Ba Chomarat
*588: aut: codd.; at: Chomarat
643: ipso: codd. praeter Ba; ipsum: Ba Chomarat
648: dicit: Di C Vi Ba; dicet: A B Lo Chomarat
699: impleatur: A B Lo; impleantur: Di C Vi Ba Chomarat
704: vero: Di; autem: ceteri codd., Chomarat
797: autem: A Lo Di; om. B C Vi Ba Chomarat
*810: adeo: codd.; ideo Chomarat

Jacques Chomarat hat darüber hinaus den Text in Paragraphen eingeteilt. Um eine Identifikation von Zitaten nach dieser Paragrapheneinteilung zu ermöglichen, wurden sie in der Übersetzung übernommen.

**TEXT UND ÜBERSETZUNG**

# LAURENTIUS VALLA
# DE LIBERO ARBITRIO AD GARSIAM EPISCOPUM
# ILERDENSEM

Maxime vellem, Garsia Episcoporum doctissime et optime, ac summopere optarem, ut cum ceteri Christiani homines, tum vero hi qui Theologi vocantur, non ita multum tribuerent philosophiae, nec tantum in ea operae consumerent, et prope parem ac sororem, ne dicam patronam, theologiae facerent. Male enim sentire mihi videntur de nostra religione, quam putant philosophiae praesidio indigere: quod minime illi fecerunt quorum iam multis saeculis opera exstant, apostolorum imita-

---

*Titulum dedi secundum* C Ba (*ubi tamen* Garsan *et* Ilerdensem). Laurencii vallensis clarissimi oratoris de libero arbitrio incipit. A Dialogus Laurencii Vallensis Clarissimi oratoris de Libero arbitrio Incipit foeliciter. B Laurencii Vallensis oratoris clarissimi de libero arbitrio et Providencia divina tractatulus feliciter incipit. Prologus. Lo — 4. Maxime] Multos B Garsa Ba — 5. cum *om* B tum Lo — 6. homines *om* Lo hi] hy A C ii B hii Lo — 7. nec] nunc B ea] eo Lo — 8. consumarent Lo et *om* C ac] et Lo — 9. mihi sentire B — 11. indigere praesidio B — 12. multis iam a.

# LORENZO VALLA
## ÜBER DEN FREIEN WILLEN
## AN GARZIA DEN BISCHOF VON LERIDA[1]

[1] Ich würde es sehr begrüßen, Garzia, bester und gelehrtester aller Bischöfe, und von ganzem Herzen wünschen, daß die Christen generell, besonders aber diejenigen, die man Theologen nennt, der Philosophie nicht so große Bedeutung beimäßen [2] nicht so viel Mühe auf sie verwendeten und sie nicht zur gleichberechtigten Schwester, um nicht zu sagen zur Herrin der Theologie machten. Denn sie scheinen mir schlecht von unserer Religion zu denken, wenn sie meinen, sie bedürfe des Schutzes der Philosophie. [3] Das haben jene in keiner Weise getan, deren Werke schon viele Jahrhunderte überdauern, die dem Vorbild der Apostel gefolgt sind und in Wahrheit zu Säulen im Tempel

---

1 Juan Garcia Azuares de Añón († 1499), Bischof von Lerida, Berater des Königs Alfons von Neapel und Freund Vallas. Vgl. Fois (1969) 178

tores, et vere in templo Dei columnae. Ac quidem, si probe animadvertamus, quidquid illis temporibus haeresum fuit, quas non parum multas fuisse accepimus, id omne fere ex philosophicorum dogmatum fontibus nascebatur, ut non modo non prodesset philosophia sanctissimae religioni, sed etiam vehementissime obesset. At eam isti de quibus loquor natam esse ad extirpandas haereses iactant, quarum potius seminarium est, nec intelligunt se imperitiae accusare piissimam antiquitatem, quae in expugnandis haeresibus philosophiae arma non habuit, et saepe contra ipsam philosophiam depugnavit acerrime et tanquam Tarquinium in exilium eiecit, neque redire passa est. Itane imperiti fuerunt illi et inermes? Et quomodo tantum orbis terrarum in ditionem suam redegerunt? Vos contra, tali armatura muniti, ne tueri quidem potestis, proh rem indignam et flebilem, quod ipsi vobis quasi patrimonium reliquerunt. Quid igitur causae est cur in maiorum vestigiis nolitis insistere? Si minus ratio, certe auctoritas illorum effectusque inducere

---

13. columnae] columbae *del. et corr.* C    Ac] At C — 14. prope Lo — 16. vere **a**    philosophorum B Lo    fonte Lo 18. veementer Ba — 19. At] Ac B Lo    eam] etiam A Lo    notam B — 20. haereses] hostes Lo    ictant Lo    seminatrix Lo 23 et] ac **a** — 24. tanquam *om* C    deiecit Lo — 25 redire] ridere C — 27. econtra C, autem Lo — 29. vobis] nobis A B Ba — 30. cur *om* **a**    in] ut Lo — 31. efectusque Lo.

des Herrn[2] wurden. [4] Und wenn wir aufmerksam zusehen, so waren alle Heresien, die es zu jener Zeit gab — und wie wir hören, gab es viele — beinahe ohne Ausnahme aus den Quellen philosophischer Lehren entsprungen, so daß die Philosophie der heiligen Religion nicht nur nicht nützte, sondern sogar in hohem Maße schadete. [5] Jene aber, von denen ich spreche, brüsten sich, die Philosophie sei dazu geboren, die Heresien auszurotten, deren Brutstätte sie doch eher ist, und sie sehen nicht, daß sie die so fromme Zeit der Väter der Unerfahrenheit anklagen, da sie bei der Bekämpfung der Heresien die Waffen der Philosophie nicht besaß und oft mit aller Härte gegen die Philosophie selbst kämpfte und sie, als sei sie Tarquinius[3], aus dem Lande wies und ihr nicht erlaubte zurückzukehren. [6] Waren jene wirklich so unerfahren und wehrlos? Wie haben sie dann einen so großen Teil des Erdkreises sich unterworfen? Ihr dagegen, mit solcher Waffe gerüstet, könnt — o unwürdige und beweinenswerte Tatsache! — nicht einmal verteidigen, was jene euch gleichsam als Erbe hinterließen. Was ist also der Grund, weshalb ihr nicht in die Fußstapfen der Alten treten wollt? [7] Wenn nicht euer Verstand, so sollten euch ihre Autorität und ihre Erfolge dazu

---

2 Vgl. Apokalypse 3, 12
3 Tarquinius Superbus, vgl. Livius I, 60

debuit, ut se imitaremini potius quam novam viam ingrederemini. Odiosum puto et execrabilem medicum, qui aegrotum probatis iam usu medicamentis curare non vult, sed novis et experimento non cognitis; et nautam qui mavult insuetum iter tenere, quam id per quod ceteri salva navi ac mercibus navigarunt. Itaque eo insolentiae processistis ut putetis neminem posse theologum evadere, nisi qui praecepta philosophiae teneat eaque diligentissime perdidicerit, stultosque simul eos facitis qui ante hac vel nescierunt haec, vel nescire voluerunt. O tempora, o mores! Apud senatum olim romanum non licebat nec civi nec hospiti loqui lingua peregrina, sed tantummodo illius urbis vernacula: at vos, quasi Christianae reipublicae senatores, gentilem sermonem magis quam ecclesiasticum et audire et proferre delectamini. Sed adversus alios dicendi multis in locis dabitur tempus; in praesentiarum vero ostendere volumus Boëtium nulla alia

---

32. imitaremini potius se A    imitaremini se potius B Lo — 34. Volt C — 35. experimentis Lo — 36. mavolt C    inswetum A C    per *om* Lo    quod] quem A — 37. ac] et Lo    navigaverunt C    eo *om* Lo — 38. theologum posse C    posse *om* a — 40. stultos B    stultiusque Ba    eo facitis Ba    esse facitis eos B    qui] quod Ba    *om* Lo — 41. hac] hanc C    vel] qui Lo    haec *om* Lo    O *om* C    tempora] tempa (*ex* pa) Lo    42. mores] mors A    nec *om* Lo — 43. ligua Lo    lingwa C — 44. vernaculis C    vos] nos A — 46. adversos Lo.

veranlassen sie eher nachzuahmen als einen völlig neuen Weg zu beschreiten. Verhaßt und verwünscht erscheint mir der Arzt, der einen Kranken nicht mit den im Gebrauch bereits bewährten Medikamenten heilen will, sondern mit neuen, deren Wirkung man noch nicht aus Erfahrung kennt; [8] und ebenso der Seemann, der lieber eine ungewohnte Passage einhalten will als jene, nach der die anderen sicheren Schiffes und sicherer Fracht gesegelt sind. Und so habt ihr einen solchen Grad an Hochmut entwickelt, daß ihr glaubt, niemand könne Theologe werden, der nicht die Lehren der Philosophie kennt und sie sehr sorgfältig studiert hat, und ihr erklärt gleichzeitig diejenigen für töricht, die vordem diese Lehren entweder nicht kannten oder nicht kennen wollten. [9] O Zeiten, o Sitten! Vor dem römischen Senat war es einst weder einem Bürger noch einem Fremden erlaubt, in einer fremden Sprache zu sprechen, sondern nur in der jener Stadt eigenen Sprache[4]: ihr aber, gleichsam die Senatoren des christlichen Reiches, habt mehr Vergnügen daran, die Sprache der Heiden zu hören und zu sprechen als die der Kirche. [10] Aber gegen andere zu sprechen wird es vielerorts Zeit und Gelegenheit geben. Für den Augenblick wollen wir jedoch zeigen, daß Boethius aus keinem anderen Grund als weil er ein allzu

---

4 Vgl. Valerius Maximus II, 2, 2

causa, nisi quod nimis philosophiae amator fuit, non eo modo quo debuit disputasse de libero arbitrio in quinto libro de consolatione.

Nam primis quattuor libris respondimus in opere nostro de vero bono; atque hanc omnem materiam quam diligentissime potero discutere et resolvere conabor, ut de ea non frustra post omnes ego scriptores videar disseruisse: aliquid enim de nostro ac praeter ceteros afferemus. Ad quod faciendum, cum mea sponte animatus essem, tamen currentem, ut aiunt, incitavit disputatio mihi nuper habita cum Antonio Glarea, homine perliterato ac bene acuto, mihique cum propter mores, tum quia conterraneus sancti Laurentii est, longe carissimo, cuius disputationis verba in libellum retuli, exponens illa quasi agatur res, non quasi narretur: ne « Inquam » et « Inquit » saepius interponeretur; quod se fecisse Marcus Tullius, vir immortali ingenio, cur dixerit in libro quem inscripsit Laelium, equidem non video. Nam ubi auctor non a se disputata, sed ab aliis recitat, quonam modo « Inquam » interponere potest? veluti est in Laelio Ciceronis, in quo disputatio continetur habita a Laelio

---

52. Nam] Non in Lo   nostro] modo Lo — 55. de ea *om* Lo   deseruisse Lo — 56. enim *om* Lo   ac] arbitrio Ba — 57. mea] ea Lo   sponte *om* B — 60. accuto Lo — 66. scripsit A Lo   scripserit B — 67. quonam/// C.

großer Liebhaber der Philosophie war, nicht in der gebotenen Weise im fünften Buch seines „Trostes der Philosophie"[5] über den freien Willen gesprochen hat.

[11] Denn den ersten vier Büchern haben wir in unserem Werk „Über das wahre Gute"[6] geantwortet, diesen Themenbereich hier habe ich aber so sorgfältig ich konnte zu erörtern und zu lösen versucht, um nicht den Eindruck zu erwecken, ich hätte nach all den Schriftstellern umsonst darüber gesprochen: ich werde nämlich etwas Eigenes und von anderen bisher noch nicht Gesagtes vorbringen. [12] Als ich zu diesem Tun schon aus eigenem Antrieb entschlossen war, da trieb mich, der bereits in Gang gekommen war, wie man so sagt, ein Gespräch noch weiter an, das ich neulich mit Antonius Glarea führte, einem sehr gebildeten und scharfsinnigen Menschen, der mir wegen seiner Sitten und weil er ein Landsmann des Hl. Laurentius ist, vor allen lieb ist[7]. Die Worte dieser Unterhaltung habe ich in ein Büchlein gebracht, sie so darstellend, als gehe die Diskussion gerade vor sich, und nicht, als werde sie erzählt, um nicht „sagte ich" und „sagte er" immer wieder einfügen zu müssen. [13] Eben dies behauptet Cicero, ein Mann von unsterblichem Genie, auch in seinem Buche mit dem Titel „Laelius" getan zu haben[8]. Warum, kann ich nicht verstehen. Denn wenn ein Autor nicht eine von ihm selbst, sondern von anderen geführte Diskussion wiedergibt, wie kann er dann „sagte ich" einfügen? [14] Und so ist es im Laelius Ciceros, der eine Diskussion zwischen Laelius und seinen

---

5 Boethius (1957); Boethius (o.J.) V, Pr. 2 ff.
6 Valla (1970 b)
7 Antonius Glarea, Freund Vallas, in Huesca (Aragon) geboren, einer der vermuteten Geburtsstätten des Hl. Laurentius. Vgl. Mancini (1891) 111
8 Vgl. Cicero, *Laelius de amicitia* I, 3

70 cum duobus generis, G. Fannio et Q. Scaevola, recitataque ab ipso Scaevola, Cicerone cum nonnullis familiaribus audiente, et, ut illa aetate, vix ausuro disputare et colloqui cum Scaevola, quandam prae se vel aetatis vel dignitatis religionem ferente. Sed ad propositum. An-
75 tonius igitur ad me meridie cum venisset, nec occupatum sane offendisset, sed cum domesticis quibusdam sedentem in exhedra, quodam quasi prooemio praelocutus ad rem atque ad tempus accommodato, ita deinde subsecutus est:

80     AN. Perdifficilis mihi et in primis ardua quaestio videtur de libero arbitrio, ex quo pendet omnis rerum humanarum actio, omne ius et iniuria, omne praemium et poena, neque id in hac solum vita, verumetiam in futura, qua quaestione non facile dixerim an ulla sit vel
85 magis scitu necessaria, vel quae minus sciatur. Saepe enim mecum metipso, saepe cum aliis de ea quaerere soleo, nec ullum adhuc huius ambiguitatis exitum reperire queo: usque adeo conturbor aliquando propterea

---

    70. generibus Lo    Q.] A. Lo    recitataque ab ipso Scaevola *om* Lo — 72. ut *om* B    in illa A C Lo — 73. loqui colloqui Lo — 74. ferentem B    ad] id A B — 77. exedra b hedra B — 78. ad *alterum om* a — 79. *post* est *siglum habet quod* et cetera *valet* Lo — 80. et *om* C — 84. dixerim facile Lo — 86. ea re Ba — 88. pro pena A.

beiden Schwiegersöhnen G. Fannius und Q. Scaevola enthält, von Scaevola erzählt, während Cicero mit einigen Freunden zuhört und, seinem Alter entsprechend, kaum mit Scaevola zu diskutieren und zu sprechen wagt, aus Scheu vor dessen Alter und Würde. [15] Aber zurück zu unserem Vorhaben. Als Antonius gegen Mittag zu mir kam und mich offensichtlich bei keiner Beschäftigung störte, sondern mit einigen Hausgenossen auf der Terrasse sitzen fand, da sprach er, gleichsam zur Einführung, einige der Situation und der Zeit angemessene Worte und fuhr dann folgendermaßen fort:

ANTONIUS: [16] Außerordentlich schwierig und unzugänglicher als alle anderen erscheint mir das Problem des freien Willens, von dem jegliches Handeln im Bereich des Menschen abhängt, jegliches Recht und Unrecht, jegliche Belohnung und Bestrafung, und dies nicht nur in diesem Leben, sondern auch im zukünftigen, und ich weiß nicht, ob es eine Frage gibt, deren Antwort mit größerer Dringlichkeit gewußt werden müßte und zugleich weniger gewußt wird. [17] Denn oft pflege ich mit mir selbst, oft mit anderen über dieses Problem nachzudenken, und bisher habe ich keinen Ausweg aus dieser Schwierigkeit zu finden vermocht, so daß ich bei mir deswegen zu Zeiten sehr verwirrt und beunruhigt bin. [18] Trotzdem aber werde ich deswe-

apud me atque confundor. Veruntamen non idcirco unquam inquirendo defatigabor, nec desperabo hoc percipi posse, licet multos sciam eadem spe fuisse frustratos. Ideoque tuam quoque audire in hac quaestione sententiam velim, non modo quod omnia indagando et collustrando fortassis ad id quod quaero perveniam, sed etiam quod notum habeo quam acri iudicio sis et exacto.

Lau. Est, ut ais, perdifficilis quidem ista quaestio et ardua, et haud scio an ulli cognita. Sed non est causa cur conturberis propterea ac confundaris, vel si numquam istud sciturus sis. Numquid enim iusta indignatio est, si id tu non assequaris quod vides assecutum esse neminem? Atqui multa sunt apud alios quae non sunt apud nos, nequaquam tamen aegro ferenda animo, sed moderato et aequo. Alius nobilitate praeditus est, alius magistratu, alius opibus, alius ingenio, alius eloquentia, alius horum plerisque, alius omnibus. Nemo tamen aequus rerum aestimator, ac suae sibi industriae conscius ea re

---

89. nunquam C — 90. defatigor **a**   desiderabo C — 91. sciam] scieneia (*sic*) Lo — 94. quod *alterum*] per Lo — 95. et *om* Lo — 96. quidem *om* **a** — 97. ullo Lo   Sed] si Lo — 98. confunderis Ba — 99. illud A   numquit C — 100. tu *om* **a**   esse *om* B C — 102. vos Ba   ergo A   sunt *post* ferenda *deletum* C — 105. tamen *om* **a** — 106. stimator A B   sibi *cancell. ante* suae B.

gen nie müde werden zu fragen und nicht daran verzweifeln, daß man dieses Problem begreifen kann, auch wenn ich weiß, daß viele in dieser ihrer Hoffnung getäuscht wurden. Daher möchte ich auch deine Meinung zu diesem Problem hören, nicht nur, weil ich, wenn ich alles durchforsche und vergleiche, vielleicht dorthin gelange, wohin ich möchte, sondern auch, weil mir bekannt ist, was für ein scharfes und genaues Urteil du besitzt.

LORENZO: [19] Dieses Problem ist, wie du sagst, sehr schwierig und unzugänglich und ich weiß nicht, ob seine Lösung überhaupt jemandem bekannt ist. Aber das ist kein Grund, deswegen verstört oder beunruhigt zu sein, auch wenn du seine Lösung niemals kennen wirst. Denn hast du ein Recht, dich zu beschweren, wenn du das nicht erreichst, was, wie du siehst, niemand erreicht hat? [20] Vieles aber besitzen andere, das wir nicht besitzen; dennoch haben wir das nicht mit Ärger zu tragen, sondern mit Gleichmut und Mäßigung. Einer besitzt Adel, ein anderer Macht, ein anderer Reichtum, ein anderer Geist, ein anderer Beredsamkeit, ein anderer von all dem das meiste, ein anderer alles. [21] Niemand aber, der diese Dinge richtig abwägt und sich seines eigenen Einsatzes bewußt ist, wird meinen, er

dolendum sibi existimavit, quod ipse illa non haberet; quanto autem minus quod pennis avium careret, quas nemo habet. At enim si propter omnia quae nescimus
110 molestiam contraheremus, duram nobis et acerbam vitam redderemus. Visne enumerem quanta sint nobis ignota, non solum divina et supernaturalia, quale hoc est, sed humana etiam, et quae in nostram scientiam cadere possunt? Brevi dicam, multo sunt plura quae ignorantur.
115 Unde Achademici, falso illi quidem, sed tamen nihil nobis plane cognitum esse dicebant.

AN. Ego vero fateor istuc verum esse quod dicis, sed nescio quomodo impatiens sum et avidus, ut impetum animi cohibere non possim. Nam quod de pennis avium
120 dixisti, non esse dolendum si illas non habeam, quas nemo habet, audio: sed cur tamen recusare deberem alas, si modo Daedali exemplo assequi possem? Nunc vero quanto praestantiores alas concupisco? quibus non e carcere parietum, sed e carcere errorum evolem, et in pa-
125 triam, non hanc quae corpora genuit, ut ille fecit, sed in

---

107. sibi dolendum C    dolendumque Lo    ex *deletum post* sibi C    ipsa Lo — 108. minus quod] minusque Lo    avium *om* A — 109. Ac **a** — 111. sunt **a** — 113. et *om* C — 114. breve Ba — 115. Achademia Lo    michil (*sic*) Lo — 116. dicebat A — 117. istud C — 118. ut] et Lo — 121. alas] alias Lo — 123. coucupiscor Ba — 124. evolarem Ba — 125. facit Ba.

müsse deshalb traurig sein, weil er selbst jene Dinge nicht hat, wieviel weniger aber deshalb, weil er der Federn des Vogels entbehrt, die kein Mensch besitzt. [22] Denn wenn wir uns wegen allem, was wir nicht wissen, belastet fühlen wollten, würden wir uns unser Leben hart und bitter machen. Soll ich dir aufzählen, wieviel uns unbekannt ist, nicht nur Göttliches und Übernatürliches, wie das in Frage stehende Problem, sondern auch Menschliches und Dinge, die in den Bereich unseres Wissens fallen können? Um es kurz zu sagen: das, was wir nicht wissen, ist viel mehr als das, was wir wissen. Weshalb die Akademiker, wenn auch fälschlich, gesagt haben, daß nichts uns völlig bekannt ist.

AN: [23] Ich gebe schon zu, daß wahr ist, was du sagst, aber ich bin – ich weiß nicht warum – so ungeduldig und begierig, daß ich den Drang meines Geistes nicht zurückhalten kann. Denn was du über die Federn der Vögel sagst, daß ich nämlich nicht traurig sein darf, sie nicht zu haben, die kein Mensch hat, so stimme ich zu. Aber warum sollte ich auf die Flügel verzichten, wenn ich sie, wie weiland Dädalus, bekommen könnte? [24] Nun aber wünsche ich mir Flügel, die um so vieles hervorragender sind, Flügel, mit denen ich nicht aus dem Kerker der Mauern, sondern aus dem Kerker der Irrtümer hinausfliegen will, um ins Vaterland – nicht in jenes, das den Körper gebar, wie er es getan, sondern in jenes, wo die Seelen geboren werden – hin-

eam ubi animae nascuntur transvolem et perveniam. Nam Achademicos cum sua persuasione dimittamus, qui cum omnia dubia ponerent, tamen eos dubitare certe dubium non erat; et cum nihil sciri affirmarent, tamen inquirendi studium non relinquebant. Nos porro scimus posteriores ad ea quae prius inventa erant multa addidisse, quorum exemplum et institutio animare nos debet ad alia quoque invenienda. Quare noli, quaeso, hanc mihi solicitudinem molestiamque eripere: erepta enim molestia, eripueris simul et inquirendi diligentiam, nisi forte tu, ut spero et opto, aviditati meae satisfeceris.

LAU. Egone satisfaciam quod nemo alius potuit? Nam quid dicam de libris? quibus sive acquiescis, non est aliquid praeterea requirendum; sive non acquiescis, nihil est quod ego melius queam dicere. Quamquam tu videris quam sanctum sit et quam tolerabile omnibus libris, et quidem probatissimis, te bellum indicere, et cum nullo illorum facere.

AN. Scio equidem videri non tolerabile ac pene sa-

---

126. et] ac A B — 129. se nihil scire Lo    affirmabant B — 130. requirendi **a** — 135. inquirendo Lo    nisi] ni A — 136. meae] nostrae Lo — 138. sive *cancell. ante* quibus B    summe acquiestis Lo — 139. aliquid] aliud **a**    sive non acquiescis *om* Lo — 140. ego equidem Lo    queam melius **a** — 141. videris bellum indicere; b. i. *del* C    quam *alterum om* Lo. — 144. videri *om* Lo.

überzufliegen und heimzukommen. [25] Denn die Akademiker wollen wir mit ihrer Überzeugung sich selbst überlassen, die zwar alles in Zweifel zogen, aber daran, daß sie selbst zweifelten, sicherlich keinen Zweifel zuließen, und die, obwohl sie behaupteten, es könne nichts gewußt werden, dennoch den Forschungseifer nicht aufgaben. Wir aber wissen doch, daß die Späteren dem, was schon früher gefunden worden war, vieles hinzugefügt haben und ihr Beispiel sollte uns belehren und ein Ansporn sein, auch unsererseits noch weiteres herauszufinden. [26] Daher versuche bitte nicht, mir diese Unruhe und diesen Druck auszutreiben. Denn wenn du diesen Druck austreibst, treibst du auch gleichzeitig die Sorgfalt des Forschens aus, es sei denn, du kannst, wie ich hoffe und wünsche, meiner Begierde genugtun.

LO: [27] Soll ich dir genugtun können, wo dir niemand anderes genugtun konnte? Denn was soll ich von den Büchern sagen? Wenn du dich mit ihnen zufrieden gibst, gibt es darüber hinaus nichts mehr zu fragen. Gibst du dich aber nicht mit ihnen zufrieden, dann gibt es nichts, was ich besser sagen könnte. Ob es aber recht und vertretbar ist, allen Büchern, auch den allgemein gebilligten, den Krieg anzusagen und dich keinem einzigen von ihnen anzuschließen, das magst du selbst beurteilen.

AN: [28] Ich weiß, daß es unerträglich erscheint und beinahe

145 crilegum in libris iam usu probatis non acquiescere, sed
te non fugit in plerisque solere inter se illos non convenire, diversasque sententias defendere, ac paucissimos
esse, quorum auctoritas maior est quam ut eorum dicta
veniant in quaestionem; atque in ceteris quidem rebus
150 fere non repugno scriptoribus, modo hunc, modo illum
probabiliora dicere existimans. In hac autem, de qua
tecum loqui instituo, pace tua et aliorum dictum sit,
nemini prorsus assentior. Nam quid de aliis dicam? cum
Boëtius ipse, cui in explicanda hac quaestione datur ab
155 omnibus palma, quod susceperit implere non possit; sed
ad quasdam res confugiat imaginarias et commentitias.
Ait enim Deum per intelligentiam, quae supra rationem
est, et per aeternitatem omnia scire, omniaque habere
praesentia. At ego ad cognitionem intelligentiae et aeter-
160 nitatis, qui rationalis sum et nihil extra tempus agnosco,
aspirare qui possum? Haec ne Boëtium quidem ipsum
suspicor intellexisse, si modo vera sunt quae dixit, quod
non credo. Non enim verum dicere censendus est cuius

---

    145. in *om* B Lo — 146. fugit] fuit C — 147. deffendere A
— 149. quidem] quibus Lo — 150. fere *add. sup. lin.* C — 151.
existimantibus Lo — 153. prorsos Ba    quid de] quide B —
154. cui *om* A B — 155. palma] palam A — 157. ratione Ba
— 159. agnitionem Ba — 161. possim Ba    Haec ne] neque
Ba    Hoc ne A Lo — 162 modo *om* Lo.

frevelhaft, sich mit den Büchern, die sich in der Praxis bewährt haben, nicht zufrieden zu geben, aber es wird dir nicht entgangen sein, daß sie in den meisten Fragen gewöhnlich nicht miteinander übereinstimmen, verschiedene Meinungen verfechten und nur sehr wenige von ihnen so viel Autorität besitzen, daß man ihre Aussagen nicht in Frage stellt. In den anderen Dingen nun habe ich eigentlich nichts gegen die Autoren und glaube, daß mal dieser mal jener das Wahrscheinlichere sagt. [29] In dieser Frage aber, über die ich mit dir zu sprechen begonnen habe, kann ich, ohne dir und anderen zu nahe treten zu wollen, absolut niemandem zustimmen. Denn was soll ich über die anderen sagen, wenn selbst Boethius, dem in der Behandlung dieser Frage von allen der erste Rang zugesprochen wird, das, was er sich vorgenommen hat, nicht erfüllen kann, sondern zu eingebildeten und erlogenen Dingen seine Zuflucht nimmt? Er sagt nämlich, daß Gott durch die Einsicht, die über dem Verstand ist, und durch die Ewigkeit alles wisse und alles gegenwärtig habe[9]. [30] Aber ich, der ich ein mit Verstand begabtes Wesen bin und nichts außerhalb der Zeit erkenne, wie kann ich zur Erkenntnis der Einsicht und der Ewigkeit zu kommen hoffen? Ich habe den Verdacht, daß nicht einmal Boethius dies eingesehen hat, sofern wahr ist, was er gesagt hat, was ich nicht glaube. Denn man kann wohl kaum sagen, es spreche einer wahr, wenn seine Rede weder

---

9 Boethius (1957); Boethius (o.J.) V, Pr. 5–6

orationem nec ipse nec alius intelligat. Itaque, cum recte
165 hanc disputationem introduxisset, non tamen recte eam
executus est; in quo si mecum sentis, gratulabor senten-
tiae meae; sin minus, pro tua humanitate non gravaberis
quod ille obscure locutus est, id tu lucidius eloqui: utro-
cumque autem modo, aperies mihi sententiam tuam.
170 Lau. Vide quam aequa postules, qui iubes me vel
damnando, vel emendando, Boëtio contumeliam facere.
An. Numquid tu vocas contumeliam, veram de altero
sententiam ferre, vel eiusdem obscurius dicta apertius
interpretari?
175 Lau. Atqui odiosum est hoc in magnos viros facere.
An. Odiosius certe non monstrare viam erranti, et ei
ut monstres oranti.
Lau. Quid, si viam ignoro?
An. Istud est nolentis monstrare viam, dicere « viam
180 ignoro »; quare noli recusare iudicium tuum aperire.
Lau. Quid, si dicam me tecum sentire de Boëtio, te-

---

165. tamen *om* **a** — 166. assecutus Lo    scientiae Lo —
168. est obscure locutus **a**    tu] re Ba    lucidius tu Lo — 169.
aperis B    apperies A    sententiam] scienciam Lo    tuam]
meam B — 170. vel damnando *om* C — 171. contumelia Ba —
172. contumeliam *om* **a** — 173. vel *om* **a** — 176. Odiosus Ba
Lo — 177. ut *bis* C — 179. viam monstrare C — 181. me *om*
**a**    tecumque] una tecum Lo.

er selbst noch ein anderer versteht. [31] Obwohl daher der Ansatz seiner Erörterung richtig war, so hat er sie doch nicht richtig durchgeführt. Wenn du mir darin zustimmst, kann ich mir zu meiner Meinung gratulieren. Wenn aber nicht, wirst du, menschenfreundlich wie du bist, dich nicht lange bitten lassen, das, was jener undeutlich gesagt hat, deutlicher auszusprechen. In jedem Fall aber solltest du mir deine Meinung eröffnen.

LO: [32] Sieh selbst, ob es richtig ist, von mir zu verlangen, daß ich, gleichgültig, ob ich ihn verdamme oder ihn verbessere, den Boethius beleidige.

AN: Nennst du Beleidigung, seine wahre Meinung über jemanden zu sagen oder das, was er zu dunkel gesagt hat, klarer wiederzugeben?

LO: Aber es erregt Widerwillen, wenn große Männer so behandelt werden.

AN: Größeren Widerwillen erregt sicher, dem Irrenden den Weg nicht zu zeigen, besonders, wenn er darum bittet.

LO: [33] Und was ist, wenn ich den Weg nicht kenne?

AN: Zu sagen ‚Ich kenne den Weg nicht' beweist nur, daß man ihn nicht zeigen will. Deshalb weigere dich nicht, mir dein Urteil zu eröffnen.

LO: Was ist, wenn ich sage, daß ich mit dir über Boethius einer Meinung bin, ihn ebenso wenig verstehe wie du und darüber

cumque illum non intelligere, nec aliquid praeterea habere quo hanc quaestionem explicem?

AN. Si hoc vere dicis, non ita vecors sum, ut abs te plus petam quam praestare potes: sed cave ne parum sis functus officio amici, si erga me fastidiosum te et mendacem praebeas.

LAU. Quid istuc est quod tibi explicari postulas?

AN. Numquid praescientia Dei obstet libertati arbitrii, et an de hac quaestione recte Boëtius disputaverit.

LAU. De Boëtio postea videro, quod si ego tibi in hoc satisfecero, volo sponsionem facias.

AN. Quam tandem sponsionem?

LAU. Ut si te laute accepero in hoc prandio, ne iterum accipi velis in cena.

AN. Quod mihi prandium, aut quam cenam praedicas? non enim intelligo.

LAU. Ut sis contentus hac una quaestione discussa, nec alteram postea adicias.

AN. Alteram, inquis? Quasi vero non satis superque

---

182 nec] nunc A B — 188. istud C — 190. recte quaestione C a — 191. videor Lo — 192. hoc *scripsi;* hac A B C Ba, hac re Lo — 194. late Lo  suscepero *ante* accepero *deletum* C  accepi Lo — 195. cenam *bis* Lo — 199. postea *om* Lo — 200. superque latis satis A.

hinaus nichts habe, um diese Frage zu klären?

AN: Wenn das die Wahrheit ist, bin ich nicht so unsinnig, von dir mehr zu verlangen als du leisten kannst. Aber bedenke, daß du deine Pflicht gegenüber einem Freund wohl kaum erfüllst, wenn du mich hochmütig behandelst und belügst.

LO: [34] Was ist es, das du von mir geklärt haben willst?

AN: Ob das Vorherwissen Gottes dem freien Willen entgegensteht und ob Boethius dieses Problem richtig erörtert hat.

LO: Zu Boethius werde ich nachher kommen. Für den Fall aber, daß ich dir in dieser Sache Genüge tue, mußt du mir etwas versprechen.

AN: Was soll ich versprechen?

LO: Daß, wenn ich dich großzügig zu diesem Frühstück einlade, du nicht später auch noch zum Mittagessen eingeladen werden willst.

AN: Von was für einem Frühstück und was für einem Mittagessen sprichst du mir? Ich verstehe dich nämlich nicht.

LO: [35] Du sollst zufrieden sein, wenn dieses Problem gelöst ist und nicht nachher noch ein anderes Problem aufwerfen.

AN: Ein anderes, sagst du? Als ob es nicht genug und mehr

[satis] haec una sit. Quare libenter sponsionem tibi facio, nullam abs te cenam me esse petiturum.

LAU. Age igitur, ipsam profer in medium quaestionem.

205 AN. Probe admones. Si Deus futura providit, aliter non potest evenire quam ille providerit. Veluti si Iudam praevaricatorem vidit fore, impossibile est hunc non praevaricaturum esse, idest necesse est Iudam praevaricari, nisi, quod absit, Deum carere providentia volumus. Hoc 210 cum ita sit, nimirum censendum est genus humanum non habere in sua potestate arbitrii libertatem; nec de malis tantum loquor: nam ut his necesse est male facere, ita bonis e contrario bene, si boni tamen malive dicendi sunt qui arbitrio carent, vel eorum actiones existimandae 215 rectae aut secus, quae necessariae sunt et coactae. Atque hic quid iam consequens sit tute ipse vides: nam Deum vel hunc iustitiae laudare, vel illum iniustitiae accusare

---

201. satis *om* C Lo    sit] invasit Ba    satis sit Lo tibi libenter sponsionem Lo — 202. me *om* Ba — 203. medio A B — 205. providet **a** — 207. praevaricatorem] praevaricaturum Ba    praevaricatum C    privaricatorem Lo    fore *om* **b**    praevaricaturum] praevaricari **b** privaricaturum Lo — 208. privaricari Lo — 211. in *om* C    nec] ne **a** — 212. loquar Lo    213. tamen *add. sup. lin.* C *om* Lo tum B    mali ne B — 214. existimandi A — 215. necesse Lo    et *om* Lo — 216. tu Lo    ipse *om* **b** — 217. laudere Lo.

als *genug wäre mit diesem einen. Daher gebe ich dir gerne das Versprechen, daß ich dich um kein Mittagessen bitten werde.

LO: [36] Wohlan denn, formuliere die genaue Frage.

AN: Du mahnst zurecht. Wenn Gott das Zukünftige vorhersieht, so kann es sich nicht anders ereignen, als er es vorhergesehen hat. Wenn er z.B. sieht, daß Judas ein Verräter sein wird, so ist es unmöglich, daß dieser nicht verraten wird, d.h. es ist notwendig, daß Judas verrät, es sei denn, was uns ferne liegt, wir behaupteten, daß Gott kein Vorhersehen besitze. [37] Da dies so ist, muß man selbstverständlich zu der Ansicht kommen, daß das menschliche Geschlecht die Freiheit des Willens nicht in seiner Macht hat. Und ich spreche nicht nur von den Bösen. Denn wie es für sie notwendig ist, böse zu handeln, so für die Guten umgekehrt, gut zu handeln, sofern man gut oder böse nennen darf, die keine Willensfreiheit besitzen, oder ihr Tun als richtig oder nicht richtig beurteilen darf, das notwendig und erzwungen ist. [38] Was aber allein *daraus schon folgt, siehst du selbst: Denn daß Gott diesen wegen seiner Gerechtigkeit lobt oder jenen wegen seiner Ungerechtigkeit anklagt, daß er den einen

et alterum praemio afficere, alterum poena, ut licentius dixerim, iustitiae videtur esse contrarium, cum actiones
220 hominum sequantur necessario praescientiam Dei. Relinquamus igitur religionem, pietatem, sanctitatem, cerimonias, sacrificia; nihil ab illo expectemus, nullas preces adhibeamus, misericordiam eius omnino non provocemus, mentem reformare in melius negligamus, nihil
225 denique, nisi quod libuerit, agamus, siquidem praescita est a Deo nostra vel iustitia, vel iniustitia. Itaque aut non providere videtur futura, si praediti sumus arbitrio, aut non aequus esse, si caremus. Habes quid me in hac re addubitare faciat.

230 LAU. Tu vero non modo quaestionem in medium protulisti, sed eam latius quoque executus es. Ais Deum providisse Iudam praevaricatorem fore: numquid ideo et ad praevaricandum induxit? non video: quod enim Deus praesciscit aliquid ab homine faciendum, ut id
235 facias nulla necessitas est, quia voluntate id facis: quod autem voluntarium, hoc nequit esse necessarium.

---

218. et] est Lo — 220. sequerentur C — 221. ceremonias Ba Lo — 223. nunc eius Lo  omnino] ommo Lo — 226. a *om* a vel *prius om* a — 227. futuro Lo — 228. esse] est Ba  careamus Lo  Habeo Lo — 229. addubitare] id dubitare Lo — 232. privaricatorem Lo — 233. et *add. sup. lin.* C *om* a  quod enim] quare tum A B  quare cum Lo — 234. praescit C — 236. nequid B.

belohnt und den anderen bestraft, das erscheint mir, mit allem Freimut sei es gesagt, als das Gegenteil von Gerechtigkeit, da doch die Handlungen der Menschen mit Notwendigkeit dem Vorherwissen Gottes folgen. [39] Darum laß uns die Religion, die Frömmigkeit, die Heiligkeit, den Kult und die Opfer aufgeben. Nichts wollen wir von ihm erwarten, keine Bitten an ihn richten, sein Erbarmen in keiner Weise erflehen. Wir wollen uns nicht darum kümmern, unseren Geist zu bessern und endlich überhaupt nichts tun, als was uns gerade gefällt, da ja unsere Gerechtigkeit oder Ungerechtigkeit von Gott vorhergewußt wird. Daher scheint Gott entweder das Zukünftige nicht vorherzusehen, wenn nämlich wir Menschen einen freien Willen haben, oder nicht gerecht zu sein, wenn wir ihn nicht haben. Das ist es, was mich in dieser Sache so sehr zweifeln läßt.

LO: [40] Du hast nicht nur die Frage formuliert, sondern sie auch schon weiter ausgeführt. Du sagst, Gott habe vorhergesehen, daß Judas ein Verräter sein werde. Hat er ihn etwa deshalb auch zum Verrat verführt? Das kann ich nicht sehen. Daß nämlich Gott etwas, das von einem Menschen getan werden wird, vorherweiß, bedeutet nicht, daß es mit Notwendigkeit getan wird, denn es wird willentlich getan. Was aber willentlich ist, das kann nicht notwendig sein.

AN. Noli expectare ut tibi tam facile dem manus, aut terga vertam sine sudore et sanguine.

LAU. Macte virtute esto, congredere propius, et comminus collato pede non telo decerne, sed gladio.

AN. Dicis Iudam voluntario fecisse, ideoque non necessario. Quod voluntario fecerit abnuere, id vero impudentissimum esset: quid igitur dico? nempe voluntatem hanc necessariam exstitisse, cum Deus eam praescierit: quod autem erat ab eo praescitum, id necesse fuit Iudam velle et agere, ne praescientiam alioquin mendacem faceret.

LAU. Adhuc non video cur tibi ex praescientia Dei voluntatibus atque actionibus nostris necessitas defluere videatur. Si enim praescire aliquid fore facit ut illud futurum sit, profecto et scire aliquid esse facit ut idem sit. Atqui si novi ingenium tuum, non diceres ideo aliquid esse quod scias illud esse. Veluti scis nunc diem esse: numquid quia hoc scis, ideo et dies est? an contra, quia dies est, ideo scis diem esse?

---

237. An.] Laurentius A — 238. vergam C   sangwine C — 239. Lau.] Ant. A. — 240. collocato C — 241. An.] Lau. A   Iuda Lo   voluntario.... Quod *om* Lo — 242. feceris Lo   abnuere] abimere Lo — 244. hanc *om* C   ipse Deus Lo   eam] eum Lo — 245. ab eo *om* C — 246. ne] nam Lo   alioqui Ba — 248. Lau.] Ant. A    cur tibi *iteratum et cancell.* C — 250. enim *om* C    aliquid] aliquit A Lo — 252. dices **a** — 254. an] ac B.

AN: [41] Erwarte nicht, daß ich mich so schnell ergebe oder mich zur Flucht wende, ohne Schweiß oder Blut vergossen zu haben.

LO: Heil deiner Tapferkeit! Komm näher, und Fuß an Fuß suche die Entscheidung nicht mit der Lanze, sondern mit dem Schwert!

AN: Du sagst, Judas habe willentlich gehandelt und daher nicht aus Notwendigkeit. Zu leugnen, daß er willentlich gehandelt hat, wäre die größte Unverschämtheit. Was sage ich also? [42] Daß dieser Willensentschluß zu einem notwendigen geworden ist dadurch, daß Gott ihn vorherwußte. Was aber von Gott vorhergewußt wurde, das mußte Judas notwendig wollen und tun, um nicht, andernfalls, das Vorherwissen Lügen zu strafen.

LO: [43] Bis jetzt sehe ich nicht, warum dir aus dem Vorherwissen Gottes für unsere Willensentscheidungen und Handlungen Notwendigkeit zu fließen scheint. Wenn nämlich das Vorherwissen, daß etwas sein wird, bewirkt, daß jenes sein wird, dann bewirkt folglich auch das Wissen, daß etwas ist, die Tatsache, daß es ist. Aber wenn ich deinen Geist kenne, *wirst du keinesfalls behaupten, daß etwas deswegen ist, weil du weißt, daß es ist. So weißt du z.B. jetzt, daß es Tag ist. Ist es etwa deswegen Tag, weil du es weißt? Oder ist es umgekehrt: weil es Tag ist, deswegen weißt du, daß es Tag ist?

AN. Perge vero.

LAU. Eadem ratio est de praeterito. Novi iam octo horis noctem fuisse, sed mea cognitio non facit illud fuisse: potiusque ego novi noctem fuisse, quia nox fuit. 260 Atque, ut propius veniam, praescius sum post octo horas noctem fore; ideone et erit? minime, sed quia erit, ideo praescisco: quod si praescientia hominis non est causa ut aliquid futurum sit, utique nec praescientia Dei.

AN. Decipit nos, mihi crede, ista comparatio: aliud 265 est scire praesentia ac praeterita, aliud futura. Nam, cum aliquid scio esse, id variabile esse non potest: ut dies qui nunc est, nequit fieri ut non sit. Praeteritum quoque nihil differens habet a praesenti: id namque non tum cum factum est cognovimus, sed cum fieret, et praesens erat, 270 ut noctem fuisse non tunc dum transiit didici, sed cum erat. Itaque in his temporibus concedo non ideo aliquid fuisse aut esse, quia hoc ita esse scio, sed ideo me scire,

---

259. potiusque.... fuisse *om* Lo    quia] quare Lo — 260. proprius B — 261. ideone] ideo et ne Lo — 262. si *om* Lo — 263. utique] uti A — 264. Decepit Lo — 265 scire] facere Lo    praesentia] praescientia Ba    ac] hac Ba — 268. praeṣedti *corr.* Lo    id] ad C    tum] tam Lo    cum *om* a — 269. factam Lo    cognovimus *om* a — 270. ut .... erat *om* a    tunc] nunc C    quia *ante* sed Ba — 272. quia *om* Ba    quare B    hoc *om* Lo    scire] nescire Ba.

AN: [44] Sprich weiter.
LO: Das gleiche gilt auch von der Vergangenheit. Ich weiß, daß vor acht Stunden Nacht gewesen ist, aber meine Kenntnis bewirkt nicht, daß es Nacht gewesen ist, sondern ich weiß vielmehr, daß es Nacht gewesen ist, weil es Nacht gewesen ist. Und, um näher an das Problem heranzukommen, ich weiß voraus, daß es in acht Stunden Nacht sein wird. Wird es deshalb Nacht sein? Keinesfalls, sondern weil es Nacht sein wird, deswegen weiß ich es im voraus. Wenn aber das Vorherwissen des Menschen nicht die Ursache dafür ist, daß etwas sein wird, so ist es ebenso wenig das Vorherwissen Gottes.
AN: [45] Dieser Vergleich, glaube mir, trügt. Eines ist, Gegenwärtiges und Vergangenes, etwas anderes, Zukünftiges zu wissen. Denn wenn ich weiß, daß etwas ist, dann kann das nicht auch anders sein, wie es z.B. diesem Tag, der jetzt ist, nicht geschehen kann, daß er nicht ist. Auch das Vergangene unterscheidet sich in nichts vom Gegenwärtigen. Denn wir haben es nicht erst dann erkannt, als es geschehen war, sondern während es geschah und gegenwärtig war. So habe ich z.B. daß es Nacht war, nicht erst erfahren, *als sie vorbei war, sondern als sie war. [46] Daher gebe ich für diese Zeiten zu, daß nicht deshalb etwas gewesen ist oder ist, weil ich weiß, daß es so ist, sondern daß ich es deswegen weiß, weil es ist oder gewesen ist. Aber etwas

quia hoc est aut fuit. Sed alia ratio est de futuro, quod variabile est, nec pro certo sciri potest, quod incertum est. Ideoque, ne Deum fraudemus praescientia, fateamur certum esse quod futurum est, et ob id necessarium, hoc est quod nos libertate arbitrii privet. Neque est quod dicas id quod modo significabas, non ideo quod Deus providerit futura, ita fore; sed quia ita futurum est Deum providisse, et hoc vulnus infligas Deo, ut necesse ei sit futura praescire.

LAU. Armatus pulchre ad pugnam munitusque venisti: sed animadvertamus uter decipiatur, ego an tu. Prius tamen de hoc posteriore breviter satisfaciam, ubi ais, si Deus futura prospicit, quia futura sunt, necessitate illum laborare, cui necesse est eventura prospicere. Hoc vero non est tribuendum necessitati, sed naturae, sed voluntati, sed potentiae: ni forte Deum non posse peccare, non posse mori, non posse relinquere sapientiam suam, infirmitatis est, et non potius potentiae et divinitatis: sic non posse futura non prospicere, quae species sa-

---

273. quia hoc *om* Lo  aut fuit *om* Lo  Sed .... variabile est *om* Lo — 274. nec] nunc **a**  potest *om* C — 275. fraudemus Deum A — 276. est *prius om* C — 280. hoc *om* Lo  wlnus A  infligis Lo — 284. breviter *om* a  ubi] tot A — 285. ais *om* Lo  praescit C — 286. labore Lo — 287. sed *alterum*] et Lo — 288. sed] et Lo  nisi B C Lo — 290. potentiae] penitere Lo — 291. non *alterum om* Lo  pp *cancell. ante* prospicere C.

anderes ist es mit dem Zukünftigen, weil es auch anders sein kann und nicht mit Sicherheit gewußt werden kann, was nicht sicher ist. [47] Um daher nicht Gott um sein Vorherwissen zu bringen, müssen wir zugeben, daß das Zukünftige sicher ist und darum notwendig, und das ist es, was uns die Freiheit unseres Willens raubt. Und es ist nicht möglich, daß du sagst, was du eben angedeutet hast: nicht deswegen, weil Gott es vorhergesehen habe, werde das Zukünftige sein, sondern deswegen, weil es sein werde, habe Gott es vorhergesehen. Du würdest Gott damit dergestalt beschneiden, daß es für ihn notwendig wäre, das Zukünftige vorherzuwissen.

LO: [48] Du kommst ganz gut gewappnet und gerüstet zum Kampf. Aber schauen wir, wer sich täuscht, ich oder du. Zuvor aber möchte ich dir in aller Kürze wegen des letzteren Genüge tun, wo du sagst, wenn Gott das Zukünftige vorhersieht, weil es zukünftig ist, dann unterliegt er der Notwendigkeit, da er gezwungen ist, das vorherzusehen, was sein wird. Dies ist jedoch nicht der Notwendigkeit zuzuschreiben, sondern seiner Natur, seinem Willen und seiner Macht. Es sei denn die Tatsache, daß Gott nicht sündigen kann, daß er nicht sterben kann, daß er von seiner Weisheit nicht absehen kann, wäre ein Zeichen seiner Schwäche und nicht vielmehr seiner Macht und Göttlichkeit. Wenn wir daher von ihm sagen, er könne nicht das Zukünftige

pientiae est, cum dicimus, non vulnus illi infligimus, sed honorem tribuimus. Itaque non verebor dicere, quae eventura sunt, Deum non posse non providere. Venio nunc ad illud quod primo responderas, praesentia ac praeterita variabilia non esse, ideoque sciri, futura variabilia, ideoque praesciri non posse. Quaero igitur num mutari possit, quin ad octo usque horas nox advenerit, quin post aestatem sit autumnus, post autumnum hyems, post hyemem ver, post ver aestas?

AN. Naturalia sunt ista, et eundem cursum semper currentia: ego autem loquor de voluntariis.

LAU. Quid ais de fortuitis? possuntne a Deo provideri, praeterquam quod illis necessitas afferatur? ut forte hodie pluat, aut thesaurum inveniam, concedisne haec sine ulla necessitate posse praesciri?

AN. Quidni concedam? putasne ita me male sentire de Deo?

LAU. Vide ne male sentias, cum dicas bene sentire.

---

292. wlnus A C    illi] ei a — 295. illud] id C    ac] et a — 296. scire Lo — 297. praesciri] praestari Lo — 298. quin B, cum Ba, quoniam Lo, (A, C qñ)    adveniat a — 301. natŭalia A — 303. a Deo] adeo Ba Lo    previderi B — 304. necessitatem afferat a Ba — 305. tthessaurum (*sic*) A    haec] hunc Lo — 307. Ant. *om prius in marg. add.* A    puta ne B    me ita B    male *om* Lo.

nicht vorhersehen — was ein Aspekt seiner Weisheit ist — so tun wir ihn damit nicht beschneiden, sondern ehren ihn. Und so werde ich mich nicht scheuen zu sagen, daß Gott nicht umhin kann, das, was sich ereignen wird, vorherzusehen. *Und um das, was ich gesagt habe, durch eine Autorität zu stützen: Hieronymus sagt im Kommentar zu Jeremias das Gleiche mit den gleichen Worten, wenn er erklärt: ‚Denn nicht deshalb, weil Gott weiß, daß etwas zukünftig ist, ist es zukünftig, sondern weil es zukünftig ist, weiß es Gott als der, der das Zukünftige vorausweiß'*[10] [49] Ich komme nun zu dem, was du zuerst geantwortet hast, daß nämlich das Gegenwärtige und das Vergangene nicht anders sein könne und daher gewußt werde, das Zukünftige aber anders sein könne und daher nicht vorhergewußt werden könne. Ich frage dich daher, ob eine Änderung darin eintreten kann, daß es in acht Stunden Nacht *wird, daß nach dem Sommer der Herbst, nach dem Herbst der Winter, nach dem Winter der Frühling und nach dem Frühling der Sommer kommt?

AN: [50] Das sind natürliche Dinge, die immer den gleichen Lauf nehmen. Ich aber spreche über die willentlichen Dinge.

LO: Und was sagst du zu den zufälligen? Können sie von Gott vorhergesehen werden, ohne daß *er ihnen den Charakter der Notwendigkeit verleiht, z.B. daß es heute vielleicht regnet oder ich einen Schatz finde? Gibst du zu, daß sie vorhergewußt werden können, ohne daß sie damit notwendig werden?

AN: Wie sollte ich das nicht zugeben? Glaubst du, daß ich eine so schlechte Meinung von Gott habe?

LO: [51] Paß auf, daß du nicht eine schlechte Meinung hast im Augenblick, in dem du sagst, du habest eine gute Meinung.

---

10 Hieronymus, *In Ieremiam commentariorum libri VI*, Patrologia Latina, ed. Migne, Bd. 24, 844 b (V, 26)

310 Nam si hoc concedis, cur dubitas de voluntariis? utraque enim in utramlibet partem cadere possunt.

AN. Non ita res est: illa namque fortuita suam quandam naturam sequuntur, ideoque et medici et nautae et agricolae solent multa providere, cum ex antecedentibus 315 colligant sequentia, quod in voluntariis fieri non potest: vaticinare tu utrum ego pedem priorem moveam, utrumlibet dixeris mentiturus, cum alterum moturus sim.

LAU. Quis quaeso unquam tam argutus inventus est, ut hic Glarea? qui se Deo putet posse imponere, more 320 illius qui apud Esopum viveretne passer quem sub pallio tenebat an mortuus esset Apollinem decipiendi gratia consuluit. Non enim mihi dixisti « vaticinare », sed Deo. Ego quidem nec si bona vindemia erit, id quod tu agricolis tribuis, vaticinari possum. Sed Deum nescire utrum 325 pedem moturus sis priorem dicens, atque ita sentiens magno te piaculo obstringis.

AN. An existimas me aliquid affirmare, ac non disputandi gratia quaerere? Ceterum tu videris tergiversari

---

310. concedas Lo    non dubitas a    utraque] itaque Lo — 312. quondam Lo — 314. previdere Lo — 316. vaticinari a    tu] te Lo    utrum] an C — 317. mentiturus om C    sum Lo — 319. putat A    more.... consuluit om b    mores Lo — 322. consulit A Lo    dixisti mihi a    de *ante* Deo *deletum* B — 323. quod tu] quidem Lo    in agricolis Lo — 324. tribus Lo — 325. sim A    sentiens] faciens Lo — 328. certeum Lo.

Denn wenn du das zugibst, warum zweifelst du dann bei den willentlichen Ereignissen? Denn beide können doch so oder so ausfallen.

AN: So verhält es sich nicht. Denn jene zufälligen Ereignisse folgen einer ihnen eigenen Natur, weshalb auch Ärzte und Seeleute und Bauern vieles vorherzusehen pflegen, indem sie aus dem Vorhergehenden auf das Folgende schließen, was bei den willentlichen Ereignissen nicht möglich ist. Prophezeie, welchen Fuß ich als ersten bewegen werde! Gleichgültig, welchen du nennst, du wirst lügen, denn ich werde den anderen bewegen.

LO: [52] Wen hat man jemals so scharfsinnig erfunden wie diesen Glarea, der Gott glaubt Aufgaben stellen zu können wie jene Figur bei Aesop, der, um Apollo zu täuschen, ihn befragte, ob der Spatz, den er unter dem Mantel trage, lebendig oder tot sei[11]? Denn du hast nicht zu mir gesagt: Prophezeie!, sondern zu Gott. Ich kann ja nicht einmal — was du den Bauern zugestehst — prophezeien, ob die Weinernte gut sein wird. Wenn du aber sagst und wirklich meinst, daß Gott nicht weiß, welchen Fuß du als ersten bewegen wirst, dann machst du dich eines großen Frevels schuldig.

AN: [53] Glaubst du denn, ich würde hier etwas behaupten und nicht nur um der Diskussion willen fragen? Im übrigen habe ich den Eindruck, daß du mit diesen Worten die Flucht antrittst

---

11 *Corpus Fabularum Aesopicarum* I, 1, edd. Hausrath/Hunger, Leipzig 1970, 51 (Nr. 36)

ista oratione et quasi de gradu deiectum pugnam de-
330 trectare.

LAU. Quasi ego victoriae causa pugnem potiusquam veritatis; ac vide quam sim de gradu deiectus; dasne nosse Deum nunc voluntatem tuam, vel melius quam tute ipse?

335 AN. Do vero.

LAU. Des illud quoque necesse est, te non aliud acturum esse quam quod voluntas feret.

AN. Ita sane.

LAU. Quomodo ergo ille ignorare potest actionem, si
340 novit voluntatem, qui est fons actionis?

AN. Nihil minus: nam neque ipse scio quid facturus sim, licet quid voluntatis habeam sciam. Non enim volo hunc vel hunc pedem utique movere, sed alterum quam quem ille enunciaverit. Itaque, si me comparas Deo, ut
345 ego quid acturus sim nescio, ita ipse nesciet.

LAU. Ecquid negotii est isti tuae captioni occurrere?

---

329. deiectum de gradu **a**    pungnam Lo    detractare B C Lo — 331. pungnem Lo    potius *om* Lo — 332. ac] at Lo — 333. nunc Deum **a** — 336. illud *om* B    est *om* **b**    aliud *om* Lo — 337. f *deletum ante* voluntas B — 339. ignorare potest ille **a**    ignorare ille potest Ba — 340. qui] quae Lo — 341. ego ipse Lo — 343. quam *om* Ba Lo — 344. enuncciaverit B    annunciaverit Lo — 345 ipse *del ante* ita B — 346. Et quid **a** Lo    tuae me isti **a**.

und — aus dem Tritt gebracht — den Kampf zu verschleppen suchst.

LO: Als ob ich um des Sieges und nicht um der Wahrheit willen kämpfte! Sieh zu, wie sehr ich aus dem Tritt gebracht bin. Gibst du zu, daß Gott jetzt deinen Willen ebenso gut oder sogar besser kennt als du selbst?

AN: Das gebe ich allerdings zu.

LO: Du mußt notwendig auch dies zugeben, daß du nichts anderes tun wirst als was dein Wille beinhaltet.

AN: [54] Sicherlich

LO: Wie also kann jener dein Handeln nicht kennen, wenn er deinen Willen kennt, der der Ursprung des Handelns ist?

AN: Nichts weniger als das. Denn ich selbst weiß nicht, was ich tun werde, obwohl ich weiß, was ich will. Denn ich will nicht diesen oder jenen Fuß auf jeden Fall zuerst bewegen, sondern den, den jener nicht benennen wird. Wenn du mich daher mit Gott vergleichst, so weiß er ebenso wenig, was ich tun werde, wie ich es weiß.

LO: [55] Und welche Mühe macht es, diese deine Finte zu parieren? Jener weiß, daß du bereit bist, anders zu reagieren als

Novit te ille paratum respondere aliter quam ipse enunciaturus est, et moturum sinistrum priorem, si ab eo nominatus sit dexter: utruncunque ergo dicet, compertum sibi est quid eventurum sit.

An. Utrum autem dicturus est?

Lau. De Deo loqueris? fac me nosse tuam voluntatem, et pronunciabo quid eventurum sit.

An. Age scias meam voluntatem.

Lau. Movebis priorem dextrum.

An. En tibi sinistrum.

Lau. Numquid igitur praescientiam meam falsam esse docuisti, qui te moturum esse sinistrum sciebam?

An. Cur ergo aliud dixisti quam sentires?

Lau. Ut te tuis artibus fallerem, et decipere volentem deciperem.

An. At Deus ipse in respondendo non mentiretur, nec falleret: neque tu recte facis respondens pro altero quod ille non responderet.

Lau. Nonne dixisti mihi « vaticinare »? non igitur debui respondere pro Deo, sed pro me quem rogaras.

---

347. enuncciaturus B — 348. priorem *om* Lo — 349. utrumque B    dicit Lo — 351. autem] aut A — 352. noscere Ba — 353. et] ac B — 355. prius Lo    dexterum Lo — 357. meam praescientiam C — 358. sciebam sinistrum C — 362. ipse *om* C — 365. faticinare Lo — 366. rogas a.

er verkünden wird und daß du den linken Fuß zuerst bewegen wirst, wenn von ihm der rechte genannt wird. Was immer er daher sagen wird, ihm ist bewußt, was geschehen wird.

AN: Welchen wird er also nennen?

LO: [56] Sprichst du von Gott? Laß mich deinen Willen wissen und ich werde dir vorhersagen, was geschehen wird.

AN: Nehmen wir an, du kenntest meinen Willen

LO: Du wirst zuerst den rechten bewegen.

AN: Hier, ich bewege den linken.

LO: Hast du damit vielleicht mein Vorherwissen als falsch erwiesen, der ich wußte, daß du den linken bewegen würdest?

AN: Warum hast du dann etwas anderes gesagt als du meintest?

LO: Um dich mit deinen eigenen Künsten zu fangen und dich, der du mich täuschen wolltest, zu täuschen.

AN: [57] Aber Gott würde bei seiner Antwort weder lügen noch täuschen. Und du handelst nicht richtig, wenn du für einen anderen antwortest, was er nicht antworten würde.

LO: Sagtest du nicht zu mir: Prophezeie!? Also mußte ich nicht für Gott antworten, sondern für mich, den du gefragt hattest.

AN. Ut versipellis es, paulo ante dicebas me Deo dixisse « vaticinare », non tibi, nunc contra loqueris. Respondeat Deus utrum pedem moturus sim priorem.

370 LAU. Ridiculum, quasi tibi ille sit responsurus.

AN. Quid? si vellet possetne vere respondere?

LAU. Imo posset mentiri quae veritas est.

AN. Quid responderet igitur?

LAU. Certe quod acturus esses, sed te tamen non au-
375 diente, diceret mihi, diceret uni istorum, diceret pluribus: quod cum fecisset, putasne vera praedicturum?

AN. Imo vero praedicturum vera, sed quid putas si mihi praediceret?

LAU. Mihi crede, tu qui sic aucuparis Deum fallere,
380 si audires, aut certe scires quid te acturum diceret, vel caritate, vel terrore instinctus, festinares agere quod ab eo scires esse praedictum. Sed haec omittamus, quae nihil ad praescientiam pertinent. Aliud est enim praescire,

---

368. faticinare Lo   econtra C   lobueris (sic) Lo — 369. utrum] quem Lo — 370. Rediculum Lo   ille tibi a   sit *om* B — 371. possit ne Lo — 372. (*ironice dictum*) possit Lo   non posset C   quae] qui C   si a — 374. quod] quid A   tamen non audiente te A   audientem B — 377. putasne vera si Lo — 378. praediceres Lo — 379. sic] si A   auccuparis (sic) Lo — 380. audieres C   aut certe scires] terresceres Lo   scieres C — 381. caritate] cari C — 382. haec] hoc Lo   obmittamus C.

AN: Was bist du für ein Wechselbalg! Eben sagtest du zu mir, ich hätte zu Gott und nicht zu dir gesagt: Prophezeie!; jetzt sagst du das Gegenteil. Gott soll antworten, welchen Fuß ich zuerst bewegen werde.

LO: Lächerlich! Als ob er dir antworten würde!

AN: Warum nicht? Wenn er wollte, könnte er dann nicht richtig antworten?

LO: Ja, könnte denn lügen, wer die Wahrheit ist?

AN: [58] Was würde er also antworten?

LO: Sicherlich das, was du tun würdest, aber so, daß du es nicht hörtest, würde er es mir sagen oder einem von jenen oder auch mehreren. Wenn er das tun würde, glaubst du, daß er dann die Wahrheit voraussagen würde?

AN: Ja natürlich würde er die Wahrheit voraussagen, aber was meinst du, wenn er mir prophezeite?

LO: Glaub mir, du, der du so begierig darauf aus bist, Gott zu täuschen, wenn du hörtest oder mit Sicherheit wüßtest, was du nach seiner Vorhersage tun wirst, du würdest dich — sei es aus Liebe zu ihm oder aus Furcht vor ihm — beeilen, das zu tun, was er nach deinem Wissen vorhergesagt hätte. [59] Aber lassen wir das, da es nichts mit dem Vorherwissen zu tun hat. Denn es ist etwas anderes, das Zukünftige vorherzuwissen oder es vorherzu-

aliud praedicere futura. Loquere si quid habes de prae-
385 scientia, relicta praedictione.

AN. Ita fiat, nam ea quae a me dicta sunt non tam pro me, quam contra te respondebantur. Redeo igitur unde digressi sumus, ubi dicebam Iudae necesse fuisse ut praevaricaretur, quia Deus ita fore providerat, nisi tollamus
390 omnino providentiam. Siquidem, si possibile erat aliter evenire quam sit provisum, sublata est providentia; sin impossibile, sublatum est liberum arbitrium, res non minus indigna Deo quam si eius tolleremus providentiam. Ego enim, quod ad me attinet, mallem illum minus sapientem
395 esse quam minus bonum. Hoc noceret generi humano, alterum non noceret.

LAU. Laudo modestiam tuam ac probitatem, quia in eo quod vincere non potes non pertinaciter pugnas, sed cedis et ad aliam defensionem te confers, quae mihi vide-
400 tur ratio eius quod dudum proposueras. Quare, ut tibi respondeam, nego si possibile est aliter evenire quam praescitum est, consequens esse praescientiam falli posse. Nam quid obstat, haec simul vera esse? num quia potest

---

388. degressi Lo    ibi B — 389. previderat B Lo — 390. previdentiam a    Siquidem..... tolleremus providentiam *om* a — 394. quod] quo Lo    ad] a C    malem A — 397. quia *om* B, qui A C Lo — 398. vicere Lo    pertinacinater (*sic*) Lo    pungnas Lo — 399. deffensionem A    conferres Ba — 402. praescientia b    falli] falsi C — 403. esse vera A.

sagen. Sprich daher, wenn du noch etwas sagen willst, über das Vorherwissen und laß das Vorhersagen beiseite.

AN: So sei es, denn was ich gesagt habe, habe ich eigentlich weniger für meine Sache als gegen dich gesprochen. [60] Ich gehe also zu unserem Ausgangspunkt zurück, wo ich sagte, daß Judas notwendig habe zum Verräter werden müssen, da Gott dies als zukünftig vorhergesehen hatte, es sei denn, wir höben die Vorsehung überhaupt auf. Denn wenn es möglich war, daß es sich anders ereignete als es vorhergesehen war, dann ist die Vorsehung aufgehoben. War es aber unmöglich, dann ist der freie Wille aufgehoben, eine Tatsache, die Gottes ebenso unwürdig ist, wie wenn wir seine Vorsehung aufhöben. Denn ich, was mich betrifft, wollte lieber, daß er weniger weise als weniger gut wäre. Denn letzteres würde dem menschlichen Geschlecht schaden, ersteres nicht.

LO: [61] Ich lobe deine Bescheidenheit und deinen Anstand, in einem Punkt, in dem du nicht gewinnen kannst, nicht hartnäckig weiterzukämpfen, sondern nachzugeben und dir eine andere Verteidigungsstellung aufzubauen, die mir den inneren Sinn dessen, was du schon lange vorgebracht hast, zu enthalten scheint. Um dir daher zu antworten: Ich leugne, daß, wenn es möglich ist, daß etwas sich anders ereignet als es vorhergewußt wird, daraus folgt, daß das Vorherwissen sich täuschen kann. Denn was spricht dagegen, daß beides zugleich wahr ist? Muß

aliter evenire continuo eveniet? Longe diversum est aliquid posse fieri et aliquid futurum esse. Possum esse maritus, possum esse miles aut sacerdos, numquid protinus et ero? minime. Ita possum aliter agere quam eventurum sit, tamen non aliter agam: et in manu Iudae erat non peccare, licet foret provisum, sed peccare maluit, quod iam sic fore erat praescitum. Quare rata est praescientia, remanente arbitrii libertate. Haec ex duobus alterum electura est: nam utrumque agere non licet, et utrum electura sit, lumine suo illa praenoscit.

AN. Hic te teneo. An ignoras praeceptum esse philosophorum quicquid possibile est, id tanquam esset debere concedi? possibile est aliter evenire quam praescitum est, concedatur ita esse eventurum: per quod falli iam praescientiam manifestum est, cum aliter eveniat quam illa crediderat.

LAU. Philosophorum mecum formulis agis? Quasi vero eis contradicere non audeam. Istud profecto quod ais praeceptum, cuiuscumque sit, quam absurdissimum puto:

---

404. evenire quam praescitum est Ba    continue Lo — 405. Possum] posse Ba — 407. et *om* Lo — 408. et tamen Lo — 409. secus acturum esse foret **a** — 410. praescitum erat Ba — 412. electura Ba    utramque Lo — 413. lumine] nomine **a** — 415. esset] esse b Lo — 416. eveniri Lo — 420. formulis mecum **a** — 421. vero *om* **a** — 422. ciuscunque (*sic*) Lo    sit *om* C.

deshalb, weil etwas sich auch anders ereignen kann, es sich auch immer anders ereignen? Zwischen dem, daß etwas geschehen kann, und dem, daß etwas sein wird, besteht ein großer Unterschied. [62] Ich kann ein Ehemann sein, ich kann ein Soldat sein oder ein Priester – werde ich es darum schon sein? Keineswegs. So kann ich anders handeln, als tatsächlich geschehen wird, aber ich werde dennoch nicht anders handeln. Es lag in den Händen von Judas, nicht zu sündigen, obwohl es vorhergesehen war, aber er zog es vor, zu sündigen, und daß dies so sein würde, war vorhergewußt. Daher läßt sich das Vorherwissen behaupten, ohne daß die Freiheit des Willens geopfert werden muß. Der Wille wird eines von beidem wählen, denn beides kann man nicht tun. Welches der Wille aber wählen wird, erkennt das Vorherwissen mit seinem Lichte im voraus.

AN: [63] Hier pack ich dich! Oder weißt du nicht, daß es ein Lehrsatz der Philosophen ist, alles, was möglich sei, müsse so zugegeben werden, als ob es sei? Es ist möglich, daß etwas sich anders ereignet als es vorhergewußt wird, also muß es zugegeben werden, daß es sich so ereignen wird. Damit ist bereits sichergestellt, daß das Vorherwissen sich täuscht, da etwas sich anders ereignen wird, als das Vorherwissen geglaubt hatte.

LO: [64] Willst du es bei mir mit philosophischen Formeln versuchen? Als ob ich nicht wagte, ihnen zu widersprechen. Den Lehrsatz aber, den du anführst, halte ich – gleichgültig, von wem er stammt – für völlig absurd: denn ich kann den rechten

possum enim dextrum pedem priorem movere, concedamus ita fore: possum item movere priorem sinistrum, hoc quoque concedamus futurum: movebo igitur et dextrum priorem sinistro, et dextro sinistrum et per tuam possibilium concessionem deveniam ad impossibile, ut intelligas non esse concedendum, quicquid possibile est evenire, id utique eventurum. Quod cum ita sit, possibile est te aliter agere quam Deus praescivit, veruntamen non aliter ages, ergo nec falles.

AN. Non repugnabo amplius, nec cum tela mea omnia fregerim, unguibus pugnabo, ut aiunt, et dentibus: sed si quid est quo uberius mihi hoc explices ac plane persuadeas, audire abeo.

LAU. Concupisti alteram probitatis et modestiae laudem, cum es tui similis. Itaque faciam quod petis, quod eram etiam mea sponte facturus. Quae enim adhuc dicta sunt, non erant quae me dicturum constitueram, sed quae ipsa defensionis ratio postulabat. Nunc accipe quid mihi persuadeat, et fortasse etiam tibi persuadebit praescientiam non esse impedimento arbitrii libertati. Sed

---

424. ita] sic C    possem A — 426. et *alterum*] ac Lo — 430. te *om* Lo — 431. nec] nunc B, et Lo — 432. repugnabo Lo    cum] tamen Lo — 434. quid] quod Lo    quo] quod Ba — 436. et] ac b — 438. eram etiam *om* Ba etiam *om* C    adhuc enim Ba — 439. spe *del. ante* constitueram B    consituerant A B.

Fuß zuerst bewegen, geben wir also zu, daß es so sein wird. Ich kann ebenso den linken Fuß zuerst bewegen; auch hier geben wir zu, daß es so sein wird. Ich werde also sowohl den rechten vor dem linken als auch den linken vor dem rechten Fuß bewegen und durch dein Zugeständnis des Möglichen gelange ich zum Unmöglichen. Daraus magst du erkennen, daß man nicht zugestehen kann, daß alles, was die Möglichkeit besitzt, sich zu ereignen, sich auch ereignen wird. Da dem so ist, ist es möglich, daß du anders handelst, als Gott es vorausgewußt hat, und du wirst dennoch nicht anders handeln und ihn also auch nicht täuschen.

AN: [65] Ich will mich nicht weiter sträuben, und da alle meine Geschosse zerbrochen sind, nicht, wie man sagt, mit Zähnen und Klauen kämpfen. Aber wenn es etwas gibt, wodurch du mir diese Sache weitläufiger erklären und mich völlig überzeugen kannst, *brenne ich darauf, es zu hören.

LO: Du willst noch einmal wegen deiner Bescheidenheit und deines Anstandes gelobt werden, da du dir selbst treu bleibst. Ich werde daher tun, worum du mich bittest und was ich auch aus eigenem Antrieb heraus tun wollte. Was nämlich bisher gesagt wurde, war nicht das, was ich mir zu sagen vorgenommen hatte, sondern, was die Strategie der Verteidigung erforderte. [66] Nun höre, was mich zu überzeugen scheint, und vielleicht auch dich überzeugen wird, daß das Vorherwissen kein Hindernis für den freien Willen ist. Aber möchtest du lieber, daß ich

utrum mavis pauculis me verbis perstringere, an complusculis lucidius exequi?

445 AN. Mihi vero qui lucide loquuntur nunquam non videntur brevissime loqui; qui autem obscure, licet paucissima dicant, plus quam longissimi fuerunt. Habet praeterea ipsa orationis copia appositum quiddam et aptum ad persuasionem. Quare cum a principio petierim ut hanc 450 materiam liberet tibi lucidius eloqui, non est quod dubites de mea voluntate; tamen utrum tibi commodius videtur, id agas. Nunquam enim iudicium meum anteferam tuo.

LAU. Mea quidem interest morem tibi gerere, sed quod tu commodius existimas, idem ego. Apollo igitur ille apud 455 Graecos tantopere celebratus, sive suapte natura, sive ceterorum deorum concessu, futura omnia provisa et cognita habebat: non modo quae ad homines, verum quae ad Deos quoque pertinerent, reddens de iis oracula consulentibus, vera et indubitata, si credimus: sed hoc tempore vera

---

443. praestringere **a** C — 445. qui lucide ac clare absque verborum obscuritate Lo — 446. non brevissime Ba    obscure et circumvolute Lo — 447. fuerant C — 448. oppositum quoddam Lo — 449. cum] tum C — 450. liberes Lo - 451. videatur Lo — 452. tuo meque tibi consentaneum praebeo ac facio Lo — 453. Laurencius loquitur Lo    interest atque decet Lo — 455. ceterorum] creatorum Lo — 456. previsa **a** — 457. quae *prius*] quo B — 458. quoque] queque Lo    de iis] dei Lo    iis] ii A,    his Ba,    hys *corr. in marg.* ys C — 459. haec tempora Lo.

dies mit wenigen Worten andeute oder etwas ausführlicher und klarer darstelle?

AN: Ich habe den Eindruck, daß diejenigen, die klar sprechen, immer das Gebot der Kürze erfüllen, diejenigen aber, die dunkel sprechen — und mögen sie noch so wenige Worte machen — immer viel zu lang sind. Darüber hinaus hat die Fülle der Rede etwas an sich, das besonders geeignet und darauf ausgerichtet ist zu überzeugen. Da ich nun von Anfang an darum gebeten hatte, du mögest bereit sein, mir diese Materie klarer darzulegen, kannst du über meinen Willen nicht in Zweifel sein. Du aber tue, was dir angenehmer ist. Denn niemals werde ich mein Urteil über deines stellen.

LO: [67] Mir wiederum liegt daran, dir zu Willen zu sein; was aber du als angenehmer erachtest, das ziehe auch ich vor. Apollo also, der von den Griechen so sehr verehrt wurde, besaß, sei es auf Grund seiner Natur, sei es durch Zugeständnis der übrigen Götter, die Voraussicht und das Vorherwissen alles Zukünftigen, nicht nur, was die Menschen betraf, sondern auch, was die Götter anging. Und er gab denen, die ihn um Rat angingen, über diese Dinge Orakel, die wahr und unbezweifelbar waren — wenn wir es glauben wollen. [68] Aber in unserem Zusammenhang

460 fuisse concedamus, nihil enim obstat: hunc Sextus Tarquinius consuluit quid sibi foret eventurum. Fingamus eum respondere, et quidem versu, ut solet, sic:

« Exul inopsque cades, irata caesus ab urbe. »

Ad haec Sextus: « Quid ais, Apollo? Quid ego sic de te 465 merui, ut fatum mihi tam crudele denuncies? ut ita tristem conditionem mortis assignes? revoca, obsecro, responsum tuum, laetiora vaticinare, melior in me sis, qui ad te regale detuli munus. » E contra Apollo: « Munera tua, iuvenis, grata sunt mihi sane et accepta, pro quibus 470 oraculum vicissim reddidi, miserum illud quidem et triste, vellem laetius: sed in mea manu non est hoc facere. Ego nosco fata, non statuo; ego denunciare fortunam possum, non mutare; ego sortium index sum, non arbiter: meliora denunciarem, si meliora te manerent; nulla huius rei 475 penes me culpa est: quippe qui ne meis quidem adversis, quae futura prospicio, obsistere queo. Incusa, si libet, Iovem, incusa Parcas, incusa fortunam, unde eventorum

---

460. Sexus Tarquinus Lo — 463. inops Lo    cessus **a** — 465. merui, quid male egi, in quo peccavi, quidve sceleris commisi Lo — 466. motirs (*sic*) conditionem Lo — 467. vaticinare] faticinare Lo C (*ubi corr. sup. lin.*)    qui *om* A — 468. E *om* **a** — 469. gratissima Lo — 470. quidem ed illud Lo — 471. hoc] hec Lo — 472 cognosco **a**    vata Lo — 473 iudex B Ba Lo    *incertum utrum* iudex *an* index A — 475. qui *om* B    ne et meis adversis quidem C — 476. prospicis Ba    absistere Lo.

wollen wir zugestehen, daß sie wahr waren, denn es hindert uns nichts daran. Diesen befragte Sextus Tarquinius, was ihm in Zukunft geschehen werde. Nehmen wir an, er habe ihm — und zwar, wie gewohnt, mit einem Vers — folgendermaßen geantwortet:
„Arm und verbannt sinkst du hin,
vom Zorn der Bürger geschlagen".
Darauf Sextus: „Was sagst du, Apoll? Habe ich das um dich verdient, daß du mir ein so grausames Schicksal verkündest, daß du mir ein solch trauriges Todeslos zuweist? Ich flehe dich an, nimm deine Antwort zurück, prophezeie mir Freudigeres, sei ein bischen besser zu mir, der ich dir ein königliches Geschenk gebracht habe!" [69] Und Apollo hierauf: „Deine Geschenke, junger Mann, sind mir sehr lieb und habe ich gerne entgegengenommen, und ich habe dir als Gegenleistung dafür ein Orakel gegeben. Freilich ist es elend und traurig — ich wünschte, es wäre erfreulicher. Aber das zu tun steht nicht in meiner Macht. Ich kenne die Schicksale, aber ich bestimmte sie nicht. Ich kann Glück und Unglück verkünden, aber ich kann sie nicht ändern. Ich kann die Lose anzeigen, nicht aber über sie entscheiden. Ich würde Besseres verkünden, wenn dich Besseres erwartete. Dafür trage ich keinerlei Verantwortung, kann ich doch nicht einmal dem Unglück, das ich für meine eigene Zukunft vorhersehe, widerstehen. [70] Klage, wenn du willst, Jupiter an, klage die Parzen an, klage Fortuna an, von denen die Ursache

causa descendit. Penes illos et fatorum potestas sita est
et voluntas, penes me nuda praescientia et praedictio. Tu
480 poposcisti oraculum, ego dedi, veritatem exquisisti, mendacium dicere non potui, ad templum meum e longinqua
regione venisti, sine responso dimittere non debui. Haec
duo procul a me absint, mendacium et silentium ». Numquid ad hanc orationem Sextus posset iure respondere?
485 « Imo vero penes te culpa est, Apollo, qui fatum meum sapientia tua provides; nisi enim tu providisses, haec mihi
eventura non essent. »

AN. Non modo iniuste, sed nequaquam sic responderet.
LAU. Quomodo igitur?
490 AN. Ipse dicas.

LAU. Nonne hoc modo? « Ego quidem tibi, sancte
Apollo, gratias ago, qui me neque mendacio decepisti,
neque silentio aspernatus es. Sed hoc idem, quaeso, re-
sponde, cur tam iniquus in me, tam crudelis est Jupiter,
495 ut sic tristia mihi fata assignet immerenti, innoxio deorum cultori? ».

---

478. Penes] Apud **b**   vatorum Lo   sita *om* **a** — 479 pe-
nes] apud **b** — 480. poposti **b** — 483. a me procul Ba   ab-
sint] sint C — 485. est *om* Lo   vatum Lo — 492. me *om* C
Lo   decipisti Lo — 493. aspernaturus A   hoc *om* C — 494.
inimicus Ba miqus Lo   crudelis in me Lo — 495. sic] si Ba
tristitia A   tristia mihi fata] rei scientia mihi vata Lo   mihi
*om* B — 496. cultore Lo.

dessen, was sich ereignet, herabsteigt. Bei ihnen liegt die Macht und der Wille, der über das Schicksal entscheidet, bei mir das reine Vorherwissen und Vorhersagen. Du hast ein Orakel gefordert, ich habe es dir gegeben; du hast nach der Wahrheit gefragt, eine Lüge konnte ich dir nicht sagen; du bist zu meinem Tempel aus einem fernen Lande gekommen, ohne Antwort durfte ich dich nicht ziehen lassen. Dies sind die beiden Dinge, die mir fremd sind: Lüge und Verschweigen". Könnte auf diese Rede Sextus mit Recht antworten: ,,Aber natürlich liegt die Verantwortung bei dir, Apoll, der du mein Schicksal durch deine Weisheit vorhersiehst. Wenn du dies alles nämlich nicht vorhersähest, würde mir das alles auch nicht zustoßen".

AN: [71] Eine solche Antwort wäre nicht nur ungerecht, sondern Tarquinius würde sie auch keinesfalls geben.

LO: Wie also würde er antworten?

AN: Sag du es.

LO: Nicht so? ,,Dir, heiliger Apoll, sage ich dank, da du mich weder durch eine Lüge getäuscht, noch durch Schweigen verachtet hast. Aber auch dies, bitte ich dich, beantworte mir: Warum ist Jupiter zu mir so ungerecht, so grausam, daß er mir ein so trauriges Schicksal zugeschrieben hat, ohne daß ich es verdient hätte, ich, der unschuldige Verehrer der Götter?"

AN. Profecto hoc modo ego, si forem Sextus, Apollini responderem; quid autem ipse contra Apollo?

LAU. « Immerentem te atque innoxium vocas, Sexte? ne erres, scelera quae admissurus es in culpa sunt, adulteria, proditiones, periuria, et velut hereditarium tibi superbia » : an hic Sextus dicat: « Tibi potius scelerum meorum adscribenda est culpa; necesse est enim me peccare, quem tu peccaturum esse praescisti » ?

AN. Insanus sit, si ita respondeat Sextus, non solum iniustus.

LAU. Numquid tu aliquid habes, quod pro illo loquaris?

AN. Nihil prorsus.

LAU. Si nihil ergo habet Sextus quod de praescientia Apollinis causetur, profecto nec Iudas habet quod incuset praescientiam Dei. Quod cum ita sit, nimirum tuae quaestioni satisfactum est, qua te turbari confundique dicebas.

AN. Satisfactum vero et, quod vix sperare audebam,

---

497. si forem ego **a** — 498. e contra C    invicem **a** — 499. te *om* C — 501. perditiones Lo    velud Lo — 502. potius *iteratur in* C — 503. adscibenda Ba    enim *om* Lo — 504. prospexisti A Lo    prospexti B    praescis esse C — 505. sit si ita] sic puto Lo — 507. quod] quo Lo    loquereris **b** — 510. habes Lo — 511. causatur Lo    nec] nunc **a** — 512. cum *om* B — 513. te *om* Ba — 514 esperare A B    expectare Lo.

AN: [72] Genau so hätte ich, wenn ich Sextus wäre, dem Apoll geantwortet. Was aber hätte Apollo darauf entgegnet?
LO: „Du sagst, du habest dies nicht verdient und seist schuldlos, Sextus? Irrst du dich nicht? Die Verbrechen, die du begehen wirst, sind deine Schuld, die Ehebrüche, die Verrätereien, die Meineide und der ererbte Hochmut". Würde Sextus darauf sagen: „Dir vielmehr muß man die Schuld für meine Verbrechen zuschreiben. Denn es ist notwendig, daß ich sündige, da du vorausgewußt hast, daß ich sündigen werde".
AN: [73] Wahnsinnig wäre Sextus, wenn er so antwortete, nicht nur ungerecht.
LO: *Du hast recht. Denn nicht deswegen, weil Apollo es vorhersieht, wird Sextus sündigen, sondern weil er sündigen wird, sieht jener es voraus. Aber* weißt du etwas, das du an seiner Stelle sagen könntest?
AN: Nicht das geringste.
LO: Wenn Sextus also nichts hat, was er gegen das Vorherwissen Apollos vorbringen könnte, hat offenbar auch Judas nichts, womit er das Vorherwissen Gottes anklagen könnte. Da dem so ist, ist ohne Zweifel auch deiner Frage Genüge getan, die dich, wie du sagtest, verstört und beunruhigt.
AN: [74] Genüge getan ist ihr und, was ich kaum zu hoffen wagte, sie ist völlig gelöst. Aus diesem Grunde sage und bewahre

515 plane persolutum, quo nomine et ago tibi et habeo gratias, prope dixerim, immortales. Nam quod Boëtius mihi praestare non potuit, tu praestitisti.

Lau. Et nunc idem operam do ut de illo aliquid dicam, quod et te expectare scio, et me pollicitus sum facturum.

520 An. An est quod de Boëtio dicas? gratum mihi erit iucundumque.

Lau. Servemus tenorem fabulae institutae. Tu nihil existimas Sextum habere quod respondeat Apollini: interrogo te quid diceres adversus regem abnuentem se 525 deferre ad te munus aut magistratum, quod diceret capitalia te in eo munere flagitia admissurum.

An. « Iuro tibi, rex, per istam tuam fortissimam et fidelissimam dextram, me non commissurum in hoc magistratu flagitia. »

530 Lau. Idem puta dicturum Sextum Apollini: « Iuro tibi, Apollo, me non admissurum esse quae dicis ».

An. Quid rursum Apollinem?

Lau. Certe non eo modo quo rex: nec enim comper-

---

515. plene Lo  absolutum **a**  ago] ego Lo — 516. prope] pene **a** — 518. idem] id A B C Ba — 520. mihi dicas Lo  mihi *om* Lo  erit mihi B — 521. iocundumque A B C — 524. dices Lo  abimentem Lo — 525. te capitalia **a** — 527. tibi] te Lo  fortissimam et potentissiman fidelissimam (potentissimam *exp.*) A — 528. dexteram A B — 530. puto **b** — 531. esse *om* **a** — 532. rursus A B.

ich dir, ich möchte beinahe sagen unsterblichen, Dank. Denn was Boethius mir nicht geben konnte, das hast du mir gegeben.

LO: Und ich will mich ebenso bemühen, über ihn etwas zu sagen, was du, wie ich weiß, erwartest und ich dir zu tun versprochen habe.

AN: Meinst du, daß du über Boethius etwas sagen willst? Das wird mir sehr willkommen und angenehm sein.

LO: [75] Bleiben wir bei der begonnenen Geschichte. Du meinst, Sextus habe nichts, was er Apollo antworten könnte. Ich frage dich, was du zu einem Könige sagen würdest, der sich weigerte, dir ein Amt oder eine Aufgabe zu übertragen, weil du, wie er behauptet, in diesem Amt Kapitalverbrechen begehen werdest.

AN: „Ich schwöre dir, mein König, in deine tapfere und zuverlässige rechte Hand, daß ich in diesem Amte keinerlei Verbrechen begehen werde".

LO: [76] Stelle dir vor, Sextus sagte das gleiche zu Apollo: „Ich schwöre dir, Apoll, daß ich nicht begehen werde, was du sagst".

AN: Und was sagt darauf Apollo?

LO: Sicherlich nicht das Gleiche wie der König. Denn der König weiß nicht, so wie der Gott, was in Zukunft sein wird.

tum habet rex quid futurum sit, ut Deus. Dicat ergo
Apollo. «"Mendaxne ego sum, Sexte? nec quid futurum
sit compertum habeo? admonendi te gratia locutus sum,
an oraculum reddidi? Tibi iterum dico: adulter eris,
proditor eris, periurus eris, superbus ac malus eris ».

An. Digna Apolline oratio; quid poterit adversus
haec Sextus hiscere?

Lau. An non venit in mentem quid hic afferre possit in suam defensionem? Num se condemnari ita molli animo feret?

An. Quid, nisi sceleratus est?

Lau. Non est sceleratus sed praedicitur futurus. Tu vero si hoc tibi Apollo denunciaret, credo ad preces confugeres, oraresque non Apollinem, sed Iovem, ut tibi meliorem mentem daret, fataque immutaret.

An. Ita agerem, sed Apollinem mendacem facerem.

Lau. Recte loqueris, quod si hunc Sextus mendacem facere non potest, supervacuo preces adhibebit, quid aget? non indignabitur? non irascetur? non in querelas erum-

---

534. ergo *om* B — 535. nec] ne **a** — 536. gratie Lo   gratia te B — 537. tu adulter B — 538. proditor eris, periurus eris *om* **a**   ac] et C — 539. Apollinis C Lo — 540. haec] hunc **a** — 544. scelleratus A — 545. scelleratus A   praedicetur B **b** — 546. hoc tibi *om* Ba   hec Apollo C   crede A. — 547. Apollini A   meliorem mentem tibi A — 548. vataque Lo — 549. Ista Lo — 551. agit Lo — 552. inclinabitur A B.

Apollo könnte also sagen: „Bin ich ein Lügner, Sextus? Weiß ich nicht, was in Zukunft sein wird? Habe ich gesprochen, um dich zu ermahnen oder habe ich ein Orakel gegeben? Noch einmal sage ich dir: du wirst ein Ehebrecher sein, ein Verräter, meineidig wirst du sein, übermütig und böse".

AN: Eine Rede, Apollos würdig. Was könnte Sextus auf dieses hin sagen?

LO: [77] Fällt dir nicht ein, was er zu seiner Verteidigung sagen könnte? Oder würde er sich etwa, verweichlicht und mutlos, so einfach verurteilen lassen?

AN: *Wie nicht, wenn er doch ein Verbrecher ist?

LO: Aber er ist kein Verbrecher, sondern es wird nur vorhergesagt, daß er einer sein wird. Du aber, wenn dir Apollo dies vorhergesagt hätte, würdest, glaube ich, zu Bitten deine Zuflucht nehmen und würdest nicht Apollo sondern Jupiter darum bitten, daß er dir einen besseren Geist gäbe und dein Schicksal änderte.

AN: Das würde ich tun, aber ich würde damit Apollo zum Lügner machen.

LO: [78] Richtig sprichst du; wenn nämlich Sextus ihn nicht zum Lügner machen kann, wird er umsonst seine Bitten vorbringen — was wird er dann tun? Wird er sich nicht entrüsten? Wird er nicht zornig werden? Wird er nicht in Klagen ausbrechen?

pet? « Itane, Apollo, a sceleribus temperare non possum, virtutem amplecti nequeo, reformare mentem a malignitate non valeo, libertate arbitrii non sum praeditus? ».

555

AN. Fortiter Sextus, et vere et iuste: quid iterum deus?

LAU. « Sic se res habet, Sexte. Iupiter, ut lupum rapacem creavit, leporem timidum, leonem animosum, onagrum stolidum, canem rabidum, ovem mitem, ita homini alii finxit dura praecordia, alii mollia, alium ad scelera, alium ad virtutem propensiorem genuit. Praeterea alteri corrigibile, alteri incorrigibile ingenium dedit, tibi vero malignam animam, nec aliqua ope emendabilem tribuit. Itaque et tu pro qualitate ingenii male ages, et Iupiter pro actionum tuarum atque operum modo male mulctabit, et ita fore per Stygiam paludem iuravit ».

560

565

AN. Semetipsum belle Apollo excusat, Iovem vero vel magis accusat: nam ego aequior sum Sexto quam Iovi.

---

553. scelleribus A    temperari Lo — 554. a *om* A — 555. librtate (*sic*) Lo — 556. Sexte Lo — 560. hominum Lo — 561. fingit *corr. sup. lin. et in mg. add.* Nota C    praecorida (*sic*) Lo    scellera A — 562. virtutes a    pronpciorem Lo — 563. alteri incorr. *om* Ba — 564. malignum Lo    animam *om* Lo    aliqua] aliena Ba    emendabile Lo — 565. agis Lo — 566. modo] non (*in comp.*) Lo    militabit Lo — 567. fore *om* Ba    iuravit per Stygiam paludem C — 568. Semetipse a    bene B    excusat] accusat *sup. lin. emend.* B — 569. ego] equo B *om prius add. in mg.* C.

„So kann ich also, Apoll, mich des Verbrechens nicht enthalten, kann die Tugend nicht erwerben, vermag meinen Geist nicht von der Schlechtigkeit zu befreien und ihm eine neue Form zu geben, bin nicht mit der Freiheit des Willens begabt?".

AN: Kraftvoll spricht dieser Sextus, und wahr und gerecht. Was aber antwortet darauf der Gott?

LO: [79] „So sind die Dinge, Sextus. So wie Jupiter den Wolf räuberisch, den Hasen ängstlich, den Löwen mutig, den Waldesel dumm, den Hund reißend, das Schaf milde geschaffen hat, so hat er dem einen Menschen das Herz hart, dem anderen weich geschaffen, hat den einen zum Verbrechen, den anderen zur Tugend geneigt gemacht. Darüber hinaus hat er dem einen eine besserungsfähige Veranlagung, dem anderen eine unverbesserliche gegeben, dir aber teilte er eine böswillige Seele zu, die durch kein Mittel zu bessern ist. [80] Und so wirst du, der Qualität deiner Veranlagung entsprechend, schlecht handeln und Jupiter wird dich deinem Tun und Handeln entsprechend böse bestrafen und er hat beim Wasser des Styx geschworen, daß es so sein wird".

AN: Sich selbst entschuldigt Apollo ganz schön, aber den Jupiter klagt er darum nur um so mehr an: denn ich stehe eher auf der Seite des Sextus als auf der Jupiters. [81] Er sollte daher mit

570 Expostularet itaque optimo iure sic: « Et cur meum crimen est potius quam Iovis? quandoquidem nisi prave agere non licet, cur me Iupiter suo crimine condemnat? Cur me sine culpa ulciscitur? quicquid facio, non libero arbitrio facio, sed necessitate: voluntati potentiaeque
575 suae obsistere qui possum? ».

LAU. Hoc est quod pro mea probatione afferre volui, nam haec est vis huius fabulae, ut cum sapientia Dei separari non possit a voluntate illius ac potentia, hac similitudine separarem Apollinis et Iovis: et quod in uno
580 Deo obtineri non valebat, id obtineretur in duobus, utroque suam certam naturam habente, altero quidem creandi ingenia hominum, altero autem sapiendi: ut appareat providentiam non esse causam necessitatis, sed hoc, quicquid est, totum ad voluntatem Dei esse referendum.

585 AN. En iterum in eundem me praecipitas puteum unde erueras: similis dubitatio haec est illi quae de Iuda a me prolata est: ibi necessitas adscribebatur praescientiae Dei,

---

570. cur] cui A — 572. condemnet Lo — 574. voluntate Lo — 575. eius Ba   resistere Lo   possim Ba — 577. huius vis Lo   seperari Lo — 578. potencie Lo — 579. separarem *om* B seperarem Lo   et *alterum om.* a — 582. hominum] cominum Ba   sapiendi] suscipiendi Lo — 583. sapien *del. ante* providentiam C   esse] omnem Lo — 584. totum *om* a   omnem *ante* referendum Lo — 585. euum (*sic*) Lo, me in eundem B — 586. illi est a   a] et C — 587. ubi A B Ba.

größtem Recht fordern: „Und warum ist es dann eher mein Verbrechen als das Jupiters? Denn wenn ich nicht anders als schlecht handeln kann, warum verurteilt mich dann Jupiter für sein Verbrechen? Warum zieht er mich zur Rechenschaft, der ich ohne Schuld bin? Alles, was ich tue, tue ich nicht aus freiem Willen, sondern aus Notwendigkeit. Wie könnte ich seinem Willen und seiner Macht widerstehen?"

LO: [82] Das ist es, was ich für meine Beweisführung erreichen wollte: Denn die Bedeutung dieser Geschichte ist folgende: Da die Weisheit Gottes nicht von seinem Willen und von seiner Macht getrennt werden kann, habe ich sie in diesem Gleichnis von Apollo und Jupiter getrennt, um, was ich mit dem einen Gott nicht zu erreichen vermochte, mit den beiden zu erreichen, deren jeder seine bestimmte Natur hat, der eine als Schöpfer der menschlichen Anlagen, der andere als ihr Kenner. Es sollte nämlich klar werden, daß die Voraussicht nicht die Ursache der Notwendigkeit ist, sondern daß all dies, worin immer es besteht, völlig auf den Willen Gottes zu beziehen ist.

AN: [83] Jetzt wirfst du mich in den gleichen Brunnen wieder zurück, aus dem du mich eben herausgezogen hattest. Denn mein Zweifel ist dem sehr ähnlich, den ich in Hinblick auf Judas geäußert habe. Dort wurde die Notwendigkeit dem Vorherwissen Gottes zugeschrieben, hier seinem Willen. *Aber was macht

hic voluntati; aut quid interest quomodo arbitrium tollas? a praescientia tolli illud tu quidem negas, sed ais a voluntate, ex quo quaestio in idem recidet.

LAU. Egone aio tolli arbitrium ex voluntate Dei?

AN. An non consequens est? nisi solvas ambiguitatem.

LAU. Quaeras qui tibi eam solvat.

AN. Equidem te non dimittam nisi solueris.

LAU. At istud est non stare conventis, nec prandio esse contentum, sed cenam etiam postulare.

AN. Siccine me circumscripsisti? et per dolum sponsionem facere adegisti? Non stant promissa in quibus circumscriptio intervenit, nec abs te prandio me esse acceptum existimo, si quicquid epulatus sum cogis evomere, aut, ut levius loquar, non minus esurientem dimittis quam acceperis.

LAU. Mihi crede, non ideo te sponsionem facere volui ut circumscriberem: nam quae mihi futura utilitas erat, cum liceret ne prandium quidem dare? In quo cum sis

---

588. huic A   ar///bitrium B — 589. istud Ba   neges Lo   ais] agis Lo — 590. recedit Lo — 594. solueras B — 595. At] Ad Lo   non est Lo   nec] nunc B — 597. An. *om* A   sicime (*sic*) Lo — 598. facere *om* Lo   Non estant A   Non est aut B   Nonne stant Lo — 599. prandium a   accepturum Lo — 600. si] siquidem quicquid a — 601. dimittis quam acceperis *om* Lo — 602. accepisti C — 603. Lau.] An. A   Lau.... volui *om* Lo   te *add. sup. lin.* C — 605. sis *om* b.

es für einen Unterschied, auf welche Weise du den freien Willen aufhebst? Du leugnest zwar, daß er vom Vorherwissen aufgehoben werde, behauptest aber, er werde vom Willen aufgehoben, womit die Frage wieder von vorne beginnt.

LO: [84] Sage ich, daß der freie Wille durch den Willen Gottes aufgehoben werde?

AN: Ist das nicht die Konsequenz — es sei denn, du könntest die Zweideutigkeit auflösen?

LO: Such nur, wer sie dir auflöst.

AN: Ich laß dich nicht weg, wenn du sie nicht auflöst.

LO: Aber das nenne ich, sich nicht an die Abmachungen halten: sich mit dem Frühstück nicht zufrieden geben, und auch noch das Mittagessen einfordern.

AN: So also hast du mich hinters Licht geführt? Hast mich mit List dazu gebracht, dir Versprechungen zu machen? Versprechungen sind ungültig, die mit Arglist herbeigeführt wurden, und ich betrachte mich nicht als von dir zum Frühstück empfangen, wenn du mich zwingst, das, was ich gegessen habe, wieder zu erbrechen, oder, um es etwas gefälliger auszudrücken, wenn du mich nicht weniger hungrig wegschickst als du mich empfangen hast.

LO: [85] Glaube mir, ich wollte dein Versprechen nicht, um dich hinters Licht zu führen. Denn was hätte mir das für einen Nutzen gebracht, da ich dir doch auch das Frühstück hätte verweigern können? Da du aber dazu ordentlich empfangen wurdest

laute acceptus, et cuius nomine mihi gratias egisti, ingratus es si dicas per me coactum te esse illud evomere, aut esurientem dimissum qualis venisses; cenam est istud petere, non prandium, velle accusare, et petere tibi apponi ambrosiam ac nectar, deorum cibos, non hominum. Ego tibi pisces atque aves de vivariis meis, et vinum de suburbano colle apposui, ambrosiam vero et nectar ab ipsis petas Apolline et Iove.

AN. Quam ambrosiam aut quod nectar nominas, poeticas res et fictitias? Relinquamus haec inania diis inanibus et fictitiis, Iovi et Apollini; ex quibus vivariis cellisque prompsisti prandium, ex eisdem cenam peto.

LAU. An ita me agrestem putas, ut amicum ad cenam venientem meam abigerem? Sed cum viderem quonam haec quaestio foret evasura, iam tum mihi consulebam, sponsionemque te facere coëgi, ne postea a me aliquid, praeter id unum quod quaerebatur, exigeres. Quare tecum

---

606. late Lo    cuius] cuuys A — 607. me *om* Lo    vomere B — 608. cenatu (*ut vid.*) A — 610. poni **a** — 611. vinariis A, vivariis C, vino Ba — 614. An. *om* A *add. sup. lin.* B    aut] et **a**    poeticias A — 616. Apollini et Iovi B    vinariis A Ba — 617. cellis Ba    cellisque vinariis C    prompsisti.... eisdem *om* **a** — 618. An.... venientem *om* Lo    me ita B — 619. abigeram Lo — 620. esset A    tum mihi] cum nichil michi Lo — 621. te *om* Ba    facere te B    aliquid] aliud Lo — 622. id *add. sup. lin.* B    Quare.... Penes *om* Lo.

und mir aus diesem Grunde Dank gesagt hast, bist du undankbar, wenn du erklärst, du seiest von mir gezwungen worden, es wieder zu erbrechen oder du seiest so hungrig weggeschickt worden, wie du gekommen bist. Das nenne ich das Mittagessen fordern und nicht das Frühstück, wenn du dich jetzt beklagen willst und fordern, daß dir Ambrosia und Nektar vorgesetzt werden, die Speisen der Götter und nicht der Menschen. Ich habe dir Fisch und Geflügel aus meinen Gehegen aufgetischt und Wein vom Hügel vor der Stadt; Ambrosia und Nektar aber fordere von ihnen selbst, von Apollo und Jupiter.

AN: [86] Von was für Ambrosia und was für Nektar sprichst du da, poetischem und erdichtetem Zeug? Überlassen wir diese Nichtigkeiten den nichtigen und erdichteten Göttern, Jupiter und Apollo. Aus den gleichen Gehegen und Kellern, aus denen du das Frühstück hervorgeholt hast, fordere ich das Mittagessen.

LO: Hältst du mich für so ungastlich, daß ich einen Freund, der zu mir zum Mittagessen kommt, wegschicken würde? Aber da ich sah, wohin diese Frage führen würde, habe ich schon zu Anfang vorgesorgt und dich gezwungen, das Versprechen zu geben, damit du nachher nicht von mir etwas anderes außer dem, was gefragt war, fordertest. [87] Daher behandle ich dich nicht

non tam iure ago quam aequitate. Penes alios fortassis hanc cenam nancisceris, quae penes me, si amicitiae credendum putas, omnino non est.

An. Non ero tibi molestus amplius, ne benefico ingratus et amanti incredulus videar; verum tamen a quo suades me exquirere?

Lau. Si istud possem, non mitterem te ad cenam; sed una cenaturus venirem.

An. Penes nullum putas hos, ut ais, divinos cibos esse?

Lau. Quidni ita putem? An non legisti verba Pauli de duobus filiis Rebeccae ex Isaac dicentis? « Cum enim nondum nati fuissent, aut aliquid boni egissent aut mali, ut secundum electionem propositum Dei maneret, non ex operibus, sed ex vocante, dictum est quod maior serviet minori, sicut scriptum est: Iacob dilexi, Esau autem odio habui. Quid ergo dicemus? numquid iniquitas apud Deum? Absit. Moysi enim dicit: Miserebor cui misereor, et misericordiam praestabo cuius miserebor.

---

634 ss. Cfr. Paul., *Ad Rom.* IX, 21.

623. alios *om* A    alias Lo    fortasse Lo — 624. nancisceris A B    nanscisseris Lo    quae.... non est *om* Lo — 626. ne *om* B    beneficio **b**, Lo — 627. a quo] ubi **a** — 631. ut ais hos C — 634. enim *om* **a** — 636. ut *om* C    electioem (*sic*) Lo    maneret] non erat Lo — 637. vocantis voluntate C    votante Lo    serviret B Lo — 638. dilexit B — 641. misereor] miseror Lo    miserior B.

nur nach dem Recht, sondern auch nach Billigkeit. Bei anderen erhältst du vielleicht dieses Mittagessen, mit dem ich dir — wenn du meine Freundschaft für vertrauenswürdig hältst — absolut nicht dienen kann.

AN: Ich werde dir nicht weiter lästig fallen, um nicht undankbar gegenüber dem Wohltäter und mißtrauisch gegenüber dem Freund zu scheinen. Aber von wem, rätst du mir, soll ich es fordern?

LO: [88] Wenn ich dir das raten könnte, würde ich dich nicht zum Mittagessen schicken, sondern selbst mit dir hingehen.

AN: Du meinst, daß diese, wie du sie nennst, göttlichen Speisen bei keinem Menschen zu finden sind?

LO: Wie soll ich das nicht meinen? Oder hast du nicht die Worte des Paulus über die beiden Söhne der Rebecca aus dem Samen Isaaks gelesen?: ,,Ehe die Kinder geboren waren und weder Gutes noch Böses getan hatten, da ward — auf daß der Vorsatz Gottes bestehen bliebe und seine freie Wahl, nicht aus Verdienst der Werke, sondern aus Gnade des Berufenden — gesagt, daß der Ältere dem Jüngeren dienen werde, so wie geschrieben steht: Jakob habe ich geliebt, aber Esau habe ich gehaßt. [89] Was also sollen wir sagen? Gibt es Ungerechtigkeit bei Gott? Das sei ferne! Denn er spricht zu Mose: Ich werde mich erbarmen dessen, wessen ich mich erbarme, und ich werde Erbarmen gewähren dem, dessen ich mich erbarmen werde. So

Ergo non volentis neque currentis, sed miserentis Dei est. Dicit enim scriptura Pharaoni: quia in hoc ipso excitavi te, ut ostendam in te virtutem meam, et annuncietur nomen meum in universa terra. Ergo cuius vult miseretur, et quem vult indurat. Dicis itaque mihi: quid adhuc quaeritur? voluntati eius quis resistet? O homo, tu quis es, qui respondeas Deo? Numquid dicit figmentum ei qui se finxit: quid me fecisti sic? An non habet potestatem figulus luti, ex eadem massa facere aliud quidem vas in honorem, aliud vero in contumeliam? ». Et paulo post, quasi nimio splendore sapientiae Dei oculos praestringente, proclamat: « O altitudo divitiarum sapientiae et scientiae Dei, quam incomprehensibilia sunt iudicia eius et investigabiles viae eius! ». Quod si ille vas electionis et qui, in tertium usque caelum raptus, audivit arcana verba quae non licet homini loqui, haec tamen, non modo loqui, sed ne percipere quidem potest, quis tandem speret se investigare et assequi

---

653 ss. *Cfr.* Id. XI, 33.

642. currentis hominis Lo — 644. virtutem in te A — 646. volt A C    dicit Ba — 647. quid *om* Lo quia (*ut vid.*) B    adhuc] dum Lo resistit a — 648. tu *om* a    quis] qui b dicet a — 649. misisti *ante* fecisti *expunctum et deletum* A    sic *om* a — 650. habeat Lo    eadem quidem Lo — 651. quidem aliud Ba — 656. et *om* C    qui *om* b Lo.

liegt es nicht an jemandes Wollen oder Laufen, sondern an Gottes Erbarmen. Denn die Schrift sagt zum Pharao: Eben darum habe ich dich erweckt, daß ich an dir meine Macht erzeige und daß mein Name verkündigt werde in allen Landen. So erbarmt er sich nun, wessen er will, und verstockt, welchen er will. Daher sagst du zu mir: Was gibt es da noch zu fragen und zu klagen? Wer könnte seinem Willen widerstehen? [90] 0 Mensch, wer bist du, daß du Gott zur Rechenschaft ziehest? Sagt etwa ein Werk zu seinem Meister: Warum machst du mich so? Hat nicht ein Töpfer die Macht, aus der gleichen Masse ein Gefäß zu Ehren und ein anderes zu Unehren zu machen?"[12] Und wenig später, als ob der allzu große Glanz der göttlichen Weisheit seine Augen blendete, ruft er aus: „O welch eine Tiefe des Reichtums, der Weisheit und der Erkenntnis Gottes. Wie unbegreiflich sind seine Gerichte und wie unerforschlich seine Wege!"[13] [91] Wenn dieses Gefäß der Erwählung, er, der bis in den dritten Himmel emporgerissen wurde und Geheimnisse hörte, die kein Mensch aussprechen darf, wenn er diese Dinge nicht nur nicht aussprechen, sondern nicht einmal begreifen kann, wer könnte dann hoffen, er könne sie erforschen und erlangen? Gleichwohl

---

12 *Römer* 9, 11–21
13 *Römer* 11, 33

660 posse? Atque illud mihi diligenter adverte, non eodem
modo dici liberum arbitrium impediri voluntate Dei, ut
praescientia: nam voluntas habet antecedentem causam
quae sita est apud sapientiam Dei. Siquidem cur ille hunc
induret, illius misereatur, ut est sapientissimus et op-
665 timus, dignissima causa adducitur; atque aliter sentire
impium est, nisi illum absolute bonum agere bene: in
praescientia autem non est antecedens, nec ulla omnino
iustitiae et bonitatis causa; non enim sic dicimus: quare
hoc praesciscit? sicut: quare hoc vult? Nos porro hoc
670 solum quaerimus, quonam modo Deus bonus est, auferens
arbitrii libertatem; auferret autem si non esset possibile
aliter evenire quam praescitum est. Nunc vero nullam
necessitatem affert, nec privat nos libertate arbitrii hunc
indurans, illius miserans, cum sapientissime ac sanctis-
675 sime hoc agat; cuius causae rationem in quodam arcano,
quasi aerario absconditam, collocavit. Neque dissimu-

---

660. diligenter *om* Lo    advertere Lo. — 661. voluntatem B
ut] et Lo — 662. attendentem Lo — 663. scientiam Lo
cur] cui **a**    illa Lo    ille *add. sup. lin.* C — 664. indueret *prius
scriptum emend.* induraret B — 665. adducatur C    atque te **a**
— 666. impium] imperium B    nisi *om* **b**    bonum *om* **a**    agere
non bene Ba — 667. praesentia A Ba    nec] nunc A B    om-
nino] omino Lo — 668. sic] si Lo — 669. praescit C Lo    sicut
*om* Lo    volt A C — 670. quaerimus solum **a** — 672. aliter]
alteri A — 673. aufert Lo    nec] nunc **a** — 674. illum **a** — 675.
quadam archa Lo — 676. errario A    scrinio C    collecavit Lo.

sollst du mir jenes mit Sorgfalt beachten, daß man nicht in der gleichen Weise den freien Willen durch den Willen Gottes behindert nennen kann wie durch das Vorherwissen. Denn der Wille hat eine ihm vorhergehende Ursache, die in der Weisheit Gottes liegt. Warum er daher diesen verstockt und jenes sich erbarmt, dafür kann, da er der weiseste und beste ist, der beste Grund angegeben werden. [92] Etwas anderes aber zu meinen, als daß er, der das absolute Gute ist, gut handelt, ist frevelhaft. Im Vorherwissen aber gibt es nichts Vorhergehendes und überhaupt keine Ursache aus Gerechtigkeit und Güte. Denn wir fragen nicht in gleicher Weise: Warum hat er das vorhergewußt?, wie wir fragen: Warum hat er das gewollt?. Wir aber fragen allein dies: Wie denn ist Gott gut, wenn er den freien Willen nimmt? Er würde ihn aber nehmen, wenn es nicht möglich wäre, daß es anders kommt, als es vorhergewußt wurde. Nun aber legt er uns keine Notwendigkeit auf, noch raubt er uns die Freiheit des Willens, wenn er den einen verstockt und des anderen sich erbarmt, da er dies in größter Weisheit und größter Heiligkeit tut. Den Grund aber dafür hat er gleichsam in einer geheimen Schatzkammer niedergelegt und verborgen. [93] Und ich leugne nicht, daß einige gewagt haben, diesen Grund zu erforschen, indem sie sagten,

laverim quosdam ausos hanc rationem inquirere, dicentes qui obdurantur ac reprobantur, eos secundum iustitiam obdurari ac reprobari: esse enim nos ex massa illa ob culpam primi parentis inquinata et in luteam conversa. Nam, ut multa transeam et uno argumento respondeam, cur Adam ipse, factus ex materia non coinquinata, et ad peccandum obduratus est, et universam massam luteam fecit sobolis suae?

Cui simile est illud factum angelorum, quorum quidam obdurati sunt, quidam misericordiam consecuti, cum omnes ex eadem substantia essent, ex eadem massa, ex non polluta, quos adhuc in natura substantiae et qualitate massae, ut sic dicam, aureae permanere audacter dixerim, neque hos per electionem in meliorem materiam conversos, neque per reprobationem illos in deteriorem; et alteri quasi vasa in ministerium mensae divinae electi honoris gratiam acceperunt, alteri vero existimari possunt vasa quae ab oculis relegata, quod contumeliosius est quam si lutea forent, omnem obscenitatem colluviem-

---

678. ac] et **a** — 679. obturari Ba — 680. inquinatam Lo luteam] lucem Ba luceam Lo — 681. ut] ne Lo — 682. ipse] tempore Lo — 683. obturatus Ba — 684. lauream sobolis sue fecit A B, auream sobolis sue fedavit Lo, suae luteam sobolis fecit Ba — 685. simile et equale Lo — 686. obturati Ba — 688. poluta Lo — 694. occulis Lo — 695. columenque Lo.

diejenigen, die verstockt und verurteilt würden, würden aus Gerechtigkeit verstockt und verurteilt. Denn wir seien aus jener Masse, die wegen der Schuld des ersten Vaters befleckt und in Schlamm verkehrt worden ist. Um nämlich vieles zu übergehen und nur mit einem Argument zu antworten: Warum wurde Adam, selbst aus nicht befleckter Materie geschaffen, zum Sündigen verstockt und verkehrte die gesamte Masse, aus der seine Nachkommen entstehen sollten, zu Schlamm?

[94] Dem ist ähnlich, was sich mit den Engeln ereignete, von denen einige verstockt wurden und andere Erbarmen erlangten, obwohl alle aus der gleichen Substanz waren, aus der gleichen, und zwar unbefleckten, Masse. Und ich möchte getrost sagen, daß sie bis heute, was die Natur der Substanz und die Qualität der — wenn man so sagen will — goldenen Masse angeht, die gleichen geblieben sind und weder die einen durch die Erwählung in eine bessere noch die anderen durch die Verwerfung in eine schlechtere Materie verwandelt wurden. [95] Und die einen, gleichsam als Gefäße zum Dienste auf dem Tische des Herrn erwählt, haben die Gnade dieser Ehre empfangen, die anderen aber kann man als Gefäße betrachten, die aus dem Gesichtskreis entfernt, allen Unrat und allen Abfall aufnehmen, was schmählicher ist, als wenn sie selbst Schlamm wären. Daher ist ihre

que suscipiunt; ideoque flebilior illorum damnatio est quam hominum. Plus enim contumeliae aurum accipit, ex quo facti sunt angeli, quam argentum, ex quo facti sunt homines, si foeditate impleatur. Quare in Adam
700 non est materia argentea immutata, aut, si mavis dicere, lutea, sed eadem remansit quae antea erat. Itaque, qualis in illo fuit, talis in nobis est. An non ait Paulus ex eadem massa lutea fieri aliud quidem vas in honorem, aliud vero in contumeliam? Neque dicendum est vas ho-
705 norificum ex inquinata materia esse factum. Sumus igitur vasa argentea, malo dicere quam lutea, fuimusque diu vasa contumeliae, damnationis, inquam, et mortis, non obdurationis. Infuderat enim in nos Deus propter praevaricationem primi parentis in quo omnes peccavi-
710 mus, poenam mortis, non culpam, quae venit ex obduratione. Ait idem Paulus: « Ab Adam usque ad Moysen regnavit mors, etiam in eos qui non peccaverunt, in similitudinem praevaricationis Adae ».

---

711-13 *Cfr.* Paul., *Ad Romanos* VI, 14.

696. ideo B    illorum] eorum C    dampnaconum *(ut vid.)* C — 697. accepit Lo — 699. sunt *om* C    impleantur b — 700. mauis C — 702. illo] eo a    non *om* Ba — 703. aliud] aliquid A    vas] fas Ba — 704. vero] autem a C    vas *om* Lo    honorifficum A — 711. idem] enim Lo    Paulus] apostolus B — 712. similitudine B.

Verdammnis beweinenswerter als die der Menschen. Denn größere Schmach bedeutet es für das Gold, aus dem die Engel gemacht sind, als für das Silber, aus dem die Menschen gemacht sind, mit Schmutz angefüllt zu werden. Deshalb wurde in Adam das Silber, oder, wenn du lieber willst, der Schlamm nicht verändert, sondern blieb derselbe, der er vorher war. [96] Welche Materie daher in jenem war, die ist auch in uns. Sagt nicht Paulus, daß aus dem gleichen Schlamm das eine Gefäß gemacht wird zur Ehre, das andere aber zur Unehre?[14] Und man kann nicht sagen, daß das Gefäß der Ehre aus befleckter Materie gemacht wurde. Wir sind daher silberne Gefäße — das möchte ich lieber sagen als Gefäße aus Schlamm — und wir waren lange Gefäße der Schmach, ich meine der Verdammnis und des Todes, nicht aber der Verstockung. [97] Denn Gott hatte uns eingegossen wegen des Verrates unseres ersten Vaters, in dem wir alle gesündigt haben, die Strafe des Todes, nicht aber die Schuld, die aus der Verstockung entsteht. Das Gleiche sagt Paulus: „Von Adam bis Moses herrschte der Tod auch über die, die nicht sündigten in Ähnlichkeit mit dem Verrat Adams"[15]. Denn wenn wir

---

14 *Römer* 9, 21
15 *Römer* 5, 14

Quod si propter peccatum Adae obdurati essemus,
certe per gratiam Christi liberati, non amplius obduraremur, quod ita non fit. Plurimi enim ex nobis obdurantur; quare omnes qui in morte Christi baptisati sunt, ab illo peccato originali et ab illa morte liberati sunt; sed eorum aliqui misericordiam consequuntur, non sufficiente baptismo, aliqui non secus obdurantur quam Adam et angeli obdurati sunt. Respondeat igitur qui velit cur hunc obdurat, illius miseretur, et eum angelum potius quam hominem confitebor, si modo angelis haec nota sunt, quod non credo, cum Paulo (vide quantum illi tribuam) nota non sint. Quapropter si angeli, qui semper faciem Dei vident, haec nesciunt, quae tandem nostra temeritas est omnino ea scire velle? Sed antequam peroremus, de Boëtio aliquid dicamus.

AN. Opportune de ipso fecisti mentionem, quippe de illo mecum animo agebam, qui se speravit hoc scire, et alios edocere posse, non eadem via qua Paulus, sed eodem tamen tendens.

---

717. quare] quere Ba    Christi morte **a** — 718. peccati B illa] alia Ba — 719. non sufficiente baptismo *om* Lo — 720. waptismo C — 721. angeli] anglei Lo    ob id obdurati B — 722. indurat A B    induret Lo    eum *om* **a** — 723. haec angelis **a**    nota] not Lo — 724. retribuam Ba    tribuamus Lo — 725. si *om* Lo *add. sup. lin.* B — 726. nostra tandem nostra B — 727. scire] stire Lo — 729. Oportune A Lo    ipso] eo **a** — 731. eodem] eadem Lo.

wegen der Sünde Adams verstockt wären, dann würden wir mit Sicherheit, durch die Gnade Christi davon befreit, nicht weiter verstocken, was aber nicht der Fall ist. Denn die meisten von uns verstocken. Daher sind alle, die im Tode Christi getauft wurden, von jener Erbsünde und von jenem Tode befreit. Aber einige von ihnen erlangen darüber hinaus Erbarmen, wozu die Taufe nicht reicht, andere verstocken nicht anders als Adam und die Engel verstockten. [98] Nun antworte, wer will, warum Gott diesen verstockt und sich jenes erbarmt — und ich gestehe, daß der eher ein Engel als ein Mensch ist, wenn denn den Engeln solches bekannt ist, was ich nicht glaube, da es auch Paulus (du siehst, wie hoch ich ihn schätze) nicht kennt. Wenn daher auch die Engel, die Gott stets von Angesicht zu Angesicht schauen, dies nicht wissen, wie groß muß dann unsere Blindheit sein, wenn wir dies alles völlig wissen wollen. [99] Aber ehe ich zum Schluß komme, möchte ich noch ein paar Worte zu Boethius sagen.

AN: Es ist gut, daß du ihn erwähnst, denn ich denke schon dauernd über ihn nach, der hoffte, diese Dinge wissen und andere lehren zu können — nicht auf dem gleichen Weg wie Paulus, aber doch mit dem gleichen Ziel.

LAU. Non modo plus quam debuit sibi confisus, et maiora suis viribus aggressus est, sed nec eodem tendit, 735 nec viam confecit quam inierat.

AN. Cur ita?

LAU. Audies; hoc enim est quod ego dicere volebam: nam primus Paulus ait: « Non est volentis neque currentis hominis, sed miserentis Dei ». Boëtius vero in tota 740 disputatione colligit, non quidem verbis, sed re: Non est providentis Dei, sed volentis ac currentis hominis. Deinde non satis est disputare de providentia Dei, nisi dicatur etiam de voluntate, quod, ne multa dicam, ex facto tuo probari potest, qui non contentus prima quaestione expli- 745 cata, de proxima quoque quaerendum putasti.

AN. Cum penitus rationes tuas considero, verissimam de Boëtio sententiam protulisti, a qua ne ipse quidem appellare deberet.

LAU. Et quid causae fuisse putas, ut homo christia-

---

738 *Cfr.* 642.

734. agressus Ba — 735. nec] nunc A B  iverat quam confecit Ba  noverat quam fecit C — 737. est enim B  ego *om* Lo — 738. primo **a** — 739. Dei miserentis C  Dei *om* Lo  vero] non A B  in] mihi Ba — 740. quidam Lo — 741. Dei *om* Lo  ac] et **a** — 742. est satis Lo  satis fuit **b**  diceret **b** — 743. dicam multa B — 746. orationes **a**.

LO: [100] Er hat sich nicht nur mehr zugetraut, als er durfte, und Größeres in Angriff genommen, als seine Kräfte zu leisten vermochten, sondern er hatte auch weder das gleiche Ziel noch ist er den Weg, den er einschlug, zuende gegangen.

AN: Warum das?

LO: Hör zu, das ist es nämlich, was ich sagen wollte. Denn erstens sagt Paulus: „Es liegt nicht an des Menschen Wollen oder Laufen, sondern an Gottes Erbarmen"[16]. Boethius aber kommt in seiner gesamten Diskussion, nicht wörtlich, aber der Sache nach, zu dem Schluß: Es liegt nicht an der Vorsehung Gottes, sondern am Wollen und Laufen des Menschen. [101] Zweitens genügt es nicht, über die Vorsehung Gottes zu sprechen, wenn man nicht auch über sein Wollen spricht, was, um nicht viele Worte zu machen, aus deinem Verhalten bewiesen werden kann, der du, nicht zufrieden mit der Erklärung des ersten Problems, meintest, man müsse auch das folgende noch untersuchen.

AN: Wenn ich deine Argumente gründlich bedenke, dann hast du ein nur allzu wahres Urteil über Boethius gesprochen, gegen das auch er selbst keinen Einspruch erheben könnte.

LO: [102] Und was, glaubst du, mag der Grund gewesen sein, daß ein Christ sich von Paulus entfernte und ihn niemals auch nur

---

16 *Römer* 9, 16

750 nus a Paulo discesserit eiusque nunquam meminerit, cum in eadem materia quam ille tractaverat versaretur, atque adeo in toto opere de consolatione nulla usquam de religione nostra, nulla de praeceptis ad beatam vitam perducentibus, nulla de Christo mentio ac paene significatio
755 reperiatur?

AN. Opinor, quod vehementior admirator philosophiae fuit.

LAU. Optime opinaris, ac potius intelligis: nam ita existimo, nullum vehementiorem philosophiae admiratorem posse Deo placere. Ideoque Boëtius, aquilonem pro austro sequens, classem oneratam vino non in portum patriae invexit, sed in barbaras oras atque in peregrina litora impegit.

AN. Probas mihi omnia quae dicis.

765 LAU. Ad perorationem igitur veniamus, aliquandoque finem faciamus, cum tibi de praescientia, de voluntate

---

750. descisceret A B .desisteret Lo nusquam a meminert Ba — 751 tractaverit A Lo — 752. adeo ut Ba toto] tanto A — 753. nulla *om* A — 756. opinor.... Lau. *om. in textu add. in mg.* B — 758. oppinaris A — 759. nullum rator vehement. Ba. — 761. oneratam *om* a vino *ante* tam *in verbo dijuncto* onera tam *abrasum est* C vino] vento Lo — 762. patriae] propriae Lo invexit *om post* patriae *add. post* oras A horas, *corr.* B — 763. littora *in omn. codd.* — 765. provocationem Lo aliquando a — 766. faciemus Lo.

erwähnte, obwohl er sich mit der gleichen Sache, die jener behandelt hatte, beschäftigte, und daß überhaupt im ganzen Werk über den Trost der Philosophie nirgends unsere Religion, nirgends die Vorschriften, die zum glückseligen Leben führen, nirgends Christus erwähnt wird und kaum einmal eine Andeutung in dieser Richtung zu finden ist?

AN: Ich vermute, daß er ein allzu begeisterter Bewunderer der Philosophie war.

LO: [103] Deine Vermutung oder besser deine Einsicht ist vorzüglich. Denn ich glaube ebenso, daß kein allzu begeisterter Bewunderer der Philosophie Gott gefallen kann. Und so hat Boethius, lieber dem Nordwind folgend als dem Südwind, seine Flotte, mit Wein beladen, nicht in den Hafen seines Heimatlandes eingebracht, sondern an barbarischen Gestaden und fremden Küsten stranden lassen.

AN: Du beweist mir alles, was du sagst.

LO: [104] So laß uns also zum Schlußwort kommen und einmal ein Ende machen, nachdem ich dir und deinen Fragen nach dem Vorherwissen, nach dem Willen Gottes und nach Boethius,

Dei, de Boëtio quaerenti, ut reor, satisfecerim : hoc quod reliquum est, exhortandi, non docendi gratia dicam, licet, ut es animo bene constituto, non desideres exhortationem.

770 AN. Age vero, nunquam exhortatio non opportuna aut non utilis fuit, quam libenter cum a ceteris, tum ab amicissimis ac gravissimis, qualem te semper putavi, accipere soleo.

LAU. Ego quidem non te solum, sed ceteros qui hic 775 adsunt et me in primis adhortabor. Dicebam autem causam divinae voluntatis, quod alterum induraret, alterius misereretur, nec hominibus nec angelis cognitam esse. Quod si ergo propter huius rei ignorationem, ut multarum quoque aliarum, a caritate Dei angeli non refrigescunt, 780 a ministerii ordine non recedunt, beatitudinem suam propterea imminui non putant, nos ob hanc ipsam causam a fide, a spe, a caritate decidemus? et quasi ab imperatore desciscemus? et si sapientibus viris etiam sine ratione

---

768. reliquid Lo    est *om* Lo    non docendi *om* Lo — 769. dessideres A — 770. oportuna A — 771. cum] tum **b** B    amicis Lo — 772. gratissimis Ba    grat̆issimis C — 775. adsunt *om* **b** — 777. misereretur A C Lo B *(hic tamen corr. in comp. sup. lin.)*    nec *prius*] ne B    homibus Lo — 778. si *om* Ba    ut] et Lo — 779. angeli *in corr. et ras.* B — 780. misterii Lo    ordinatione Lo    btitudinem *(sic)* Lo — 781. imminui] minima B    minui C    minimo *(ut vid.)* Lo    ob] ad Ba    causam ipsam C — 782. impetracone Lo — 783. destitemus C    desistemus Ba Lo    decistemus B.

wie ich glaube, Genüge getan habe. Was zu sagen bleibt, soll nicht der Belehrung, sondern der Ermahnung dienen, obwohl du, der du einen so gut geordneten Geist besitzt, keiner Ermahnung bedarfst.

AN: Zögere nicht. Niemals war eine Ermahnung überflüssig oder nutzlos. Ich nehme sie immer gerne von allen Leuten an, besonders aber von denen, die ich, wie dich, stets als mir freundschaftlich verbunden und in der Sache kompetent betrachtet habe.

LO: Ich ermahne also nicht nur dich allein sondern auch die anderen, die hier anwesend sind, und besonders mich selbst. Ich habe gesagt, die Ursache des göttlichen Willens, nach der er den einen verstockt und sich des anderen erbarmt, sei weder den Menschen noch den Engeln bekannt. [105] Wenn also wegen der Unerkennbarkeit dieser wie vieler anderer Dinge die Engel in ihrer Liebe zu Gott nicht erkalten, die Ordnung ihres Dienstes nicht vernachlässigen und ihre Glückseligkeit nicht vermindert sehen, sollen wir dann aus eben diesem Grunde von unserem Glauben, unserer Hoffnung und unserer Liebe abfallen und uns gleichsam von unserem Feldherrn lossagen? Und wenn wir weisen Männern auch ohne Angaben von Gründen wegen ihrer

propter auctoritatem fidem habemus, Christo, qui est Dei Virtus et Dei Sapientia non habebimus? Qui ait se omnes salvos velle et mortem nolle peccatoris, sed magis ut convertatur et vivat. Et si bonis hominibus pecuniam sine chirographo credimus, a Christo, in quo dolus inventus non est, chirographum postulabimus? et si amicis vitam committimus, Christo committere non audebimus, qui pro nostra salute et vitam carnis et mortem crucis accepit? Nescimus huius rei causam: quid refert? fide stamus, non probabilitate rationum. Scire hoc multum ad corroborationem fidei faceret? Plus humilitas. Ait Apostolus: « Non alta sapientes, sed humilibus consentientes ». Scientia divinorum utilis est? utilior caritas. Dicit enim idem apostolus: « Scientia inflat, caritas autem aedificat ». Et ne de scientia humanorum tantum dici putes, ait: « Et ne magnitudo revelationum extollat me, datus est mihi stimulus carnis ». Nolimus altum sapere, sed timeamus ne simus philosophorum similes, qui dicentes

---

795. PAUL., *Ad Romanos* XII, 16 — 797. Id. *Ad Corintos* I, VIII, 1 — 799. Id. id. II, XII, 7.

784. Christi Ba — 785. habemus **a** omnis Lo — 787. pecuniam C Lo — 788. cyrografo *corr. sup. lin.* C non est inventus Lo — 790. audebimus] debemus Lo qui] bui Lo — 792. quid] quod Lo reffert C — 795. alta] multa C — 797. idem eidem A autem *om* B C aedifficet A — 800. Volumus C — 801. philosophis Lo.

Autorität vertrauen, sollen wir dann Christus, der Gottes Kraft und Gottes Weisheit ist[17], nicht vertrauen? Ihm, der sagt, er wolle, daß alle gerettet würden[18], und er wolle nicht den Tod des Sünders, sondern vielmehr, daß er umkehre und lebe[19]? [106] Und wenn wir guten Menschen Geld ohne Schuldschein leihen, werden wir dann von Christus, an dem keine Schuld gefunden wurde[20], einen Schuldschein fordern? Und wenn wir den Freunden unser Leben anvertrauen, werden wir es dann nicht auch wagen, unser Leben Christus anzuvertrauen, der für unser Heil das Leben im Fleische und den Tod am Kreuze auf sich nahm? Wir kennen nicht Grund noch Ursache! Was tuts? Wir stehen im Glauben, nicht in der Wahrscheinlichkeit von Gründen. Würde das Wissen darum viel zur Stärkung des Glaubens beitragen? Mehr die Demut. Der gleiche Apostel sagt: ,,Nicht die Hohes verstehen, sondern die mit Niedrigem im Einverständnis sind"[21]. Das Wissen um das Göttliche ist nützlich? Nützlicher ist die Liebe. Denn es spricht der gleiche Apostel: ,,Das Wissen bläht auf, die Liebe aber erbaut"[22], [107] und damit du nicht meinst, dies werde nur vom Wissen um die menschlichen Dinge gesagt: ,,Und damit mich die Größe der Offenbarung nicht überheblich mache, wurde mir der Stachel des Fleisches gegeben"[23]. Laßt uns nicht danach streben, Hohes zu wissen, sondern uns hüten, den Philosophen ähnlich zu werden,

---

17 1. *Korinther* 1, 24
18 1. *Timotheus* 2, 3—4
19 *Hesekiel* 18, 23
20 1. *Petrus* 2, 22
21 *Römer* 12, 16
22 1. *Korinther* 8, 1
23 2. *Korinther* 12, 7

se sapientes, stulti facti sunt; qui ne aliquid ignorare viderentur, de omnibus disputabant apponentes in caelum os suum, atque illud scandere, ne dicam rescindere volen-
805 tes, quasi superbi ac temerarii gigantes, a potenti brachio Dei in terram praecipitati sunt, atque in inferno, ut Typheus in Sicilia, consepulti. Quorum in primis fuit Aristoteles, in quo Deus optimus maximus superbiam ac temeritatem cum ipsius Aristotelis, tum ceterorum philo-
810 sophorum patefecit atque adeo damnavit. Nam, cum non posset Euripi naturam investigare, se in profundum illius praecipitans demersus est, prius tamen testatus elogio: « Ἐπειδὴ Ἀριστοτέλης οὐχ εἵλετο Εὔριπον Εὔριπος εἵλετο Ἀριστοτέλην » Hoc est: « Quoniam Aristoteles non ce-
815 pit Euripum, Euripus cepit Aristotelem ». Quo quid su-

---

813. *Cfr.* GREGOR. NAZIANZ., *Orat. IV contra Iulianum* Migne P. G., vol. 35, pag. 597).

802. stulti facti sunt *om* C — 803. opponentes Lo     os suum in caelum **a** — 804. illum **a** — 805. superbiam Lo     ac] et Lo temeram Lo — 806. sunt *om* Lo     Typheus] Lipereus Lo — 807. sepulti Lo     in primis] primus B     fuit *om* C — 808. temeriatem Ba — 809. cum] tum B C Lo     Aristolis Lo     tum] cum A — 812. dimersus Lo     tamen prius **a**     tamen *om* C contestatus C     eulogio B — 813. *verba graeca om* A C Ba Lo ; Graecum sequitur C ; *spatium* A     επ ει ϛν αριστοτελνσ ελνσ ουR ειλετοι ευριπον ευριποσ ειλετοι αριστοτελΝν B *correxi* — 814. est tamen C — 815. Eurupum B     Eripus B     cepit] capiet A Lo     capiat B.

die behaupten, weise zu sein, und zu Toren geworden sind. Um den Anschein zu vermeiden, daß sie irgendetwas nicht wüßten, diskutierten sie über alles; sie erhoben ihren Mund bis zum Himmel und wollten ihn ersteigen, um nicht zu sagen einreißen, als seien sie die übermütigen und blinden Giganten, und sie sind vom mächtigen Arm Gottes auf die Erde geschleudert worden und, wie Typheus unter Sizilien, in der Hölle begraben worden. [108] Zu ihnen gehörte vor allem Aristoteles, an dem Gott, der Größte und Beste, den Hochmut und die Blindheit des Aristoteles selbst wie der übrigen Philosophen offenbarte und *damit auch verdammte. Denn da er die Natur des Euripus nicht erforschen konnte, hat er sich in seine Tiefe gestürzt und ist untergegangen, nicht ohne vorher sein eigenes Lob hinterlassen zu haben: 'Επειδη 'Αριστοτελης ουχ ειλετο Ευριπον, Ευριπος ειλετο 'Αριστοτελην, d.h. „Da Aristoteles den Euripus nicht begreifen konnte, hat der Euripus den Aristoteles ergriffen"[24]. [109] Gibt es etwas Übermütigeres und Verrückteres? Oder wie

---

24 Justinus, *Cohortatio ad Graecos* 33, Patrologia Graeca, ed. Migne, Bd. 6, 305; Gregor von Nazianz, *Oratio IV (Contra Julianum* I) 72, 111, Patrologia Graeca, ed. Migne, Bd. 35, 597

perbius ac furiosius? aut quomodo potuit Deus ingenium illius ceterorumque similium magis aperto iudicio condemnare, quam ut permitteret illum ex scientiae immoderata cupiditate in rabiem verti, et mortem ipsum sibi consciscere, mortem, inquam, vel foediorem quam sceleratissimi Iudae? Fugiamus igitur cupiditatem alta sapiendi, humilibus potius consentientes. Christiani namque hominis nihil magis interest quam sentire humiliter: hoc enim modo magnificentius de Deo sentimus, unde scriptum est: « Superbis Deus resistit, humilibus autem dat gratiam ». Hanc ut adipisci possim, de ista quaestione, quod ad me attinet, amplius curiosus non ero, ne maiestatem Dei vestigans, obscurer a lumine, quod idem spero tu facies. Haec habui pro exhortatione quae dicerem, quod feci, non tam ut te atque istos animarem, quam ut meam animi persuasionem ostenderem.

An. Ista vero exhortatio et animum tuum optime persuasum ostendit et nostros, ut pro aliis respondeam, vehe-

---

825. Petr. I, V, 5; (*cfr. Prov.* III, 34).

816. ac] atque A — 817. illius *om* Lo    apreto Lo — 818. sc *del. post* scientiae C — 819. ipsam Ba Lo — 820. consistere C Lo    fedorem Lo    quam *om* Lo    scelleratissimi A — 823. humiliter sentire Lo — 824. magnifficentius A    confidentius C    sentimus de Deo A — 825. et humilibus Lo — 827. quo a    ne] non A B — 828. vestigians Lo    obscuret A B    obsturet Lo    ut spero Ba — 829. tu *om* Ba    quae] qui A    quod] quae a — 831. animi *om* Lo — 833. nostris Lo    ut *om* Lo.

konnte Gott seine Geisteshaltung und die der anderen, die ihm ähnlich sind, deutlicher verurteilen und verdammen als dadurch, daß er jenen sich aus unmäßiger Gier nach Wissen in einen Wahnsinnigen verwandeln und selbst den Tod beibringen ließ, einen Tod, der vielleicht noch schändlicher ist als der des verbrecherischen Judas? [110] Fliehen wir also die Gier, Hohes zu wissen, und bemühen wir uns um das Einverständnis mit dem Niedrigen. Denn für einen christlichen Menschen ist nichts wichtiger als eine demütige Gesinnung. So nämlich denken wir um so höher von Gott, weshalb geschrieben steht: „Den Übermütigen widersteht Gott, den Demütigen aber schenkt er Gnade"[25]. Um diese erreichen zu können, werde ich, was mich angeht, über jene Frage nicht weiter nachforschen, um nicht bei der Erforschung der Majestät Gottes von ihrem Lichte geblendet zu werden. Und ich hoffe, du wirst das Gleiche tun. [111] Das ist es, was ich als Ermahnung zu sagen hatte, und ich habe es weniger gesagt, um dich und jene zu begeistern, als um die Überzeugungen meiner Seele offenzulegen.

AN: Diese deine Ermahnung hat gezeigt, welch vorzügliche Überzeugungen deine Seele hegt, und sie hat, um dir für die anderen zu antworten, unsere Seelen heftig begeistert. Willst du

---

[25] 1. Petrus 5, 5

mentissime animavit. Ceterum hanc disputationem quam inter nos habuimus nonne mandabis litteris, et in commentarium rediges? ut huius boni alios participes facias.

Lau. Probe admones. Faciamus huius rei ceteros iudices, si bona est, participes, et ante omnes ad episcopum Ilerdensem disputationem hanc scriptam et, ut ais, in commentarium redactam mittamus, cuius iudicio nullum novi quod anteponere audeam, et quo uno probante aliorum improbationem non reformidem. Plus enim huic ego quam Antimachus Platoni, aut Tullius Catoni tribuo.

An. Nihil rectius dicere aut facere potes, et hoc quaeso quam primum efficias.

Lau. Ita fiet.

Dialogi de libertate arbitrii
FINIS

---

835. nos *om* A — 836. facies B, sciencias Lo — 838. omnia **a** — 839. Illerdensem Ba   lerdensem Lo — 840. reductam Lo   iudicium B Ba — 842. reprobationem **a**   formi<sup>re</sup>dem A — 843. M. Tullius **a**   tributo A   tribuno Lo — 846. fiat Lo   847. Dialogi de libertate arbitrii finis *om* A B C Lo   Anno etc. LXprimo A   Finis dialogi de Libero arbitrio praestantissimi oratoris Laurentii Vallensis foeliciter. Scripsit Hartmannus Schedel de Nuremberga doctor Anno domini Mcccclxxxi. Laus Deo B   Finis huius tractatuli de praedestinatione et praesciencia per Laurencium commendatissimum poëtarum editum per modum dialogi Rescriptum per fratrem Johannem burger in Scheyren Anno domini 1468 Sabatho ante Letare finitum C.

übrigens diese unsere Diskussion nicht schriftlich festhalten und in einen Bericht zusammenfassen, um auch andere an ihrem guten Ergebnis teilnehmen zu lassen?

LO: [112] Du mahnst zu Recht. Wir wollen die anderen zum Richter und, wenn sie gut ist, zum Teilhaber dieser Sache machen, und vor allem wollen wir diese Diskussion, wenn sie aufgeschrieben und, wie du sagst, in einen Bericht zusammengefaßt ist, an den Bischof von Lerida schicken. Ich kenne keinen, dessen Urteil ich dem seinen vorzuziehen wagte, und wenn er diese Diskussion billigt, schrecken mich die Mißbilligungen der anderen nicht. Denn ich halte von ihm mehr als Antimachus von Platon[26] oder Cicero von Cato[27].

AN: Das ist das beste, was du tun oder sagen kannst. Ich bitte dich daher, daß du es möglichst bald erledigst.

LO: So wird es geschehen.

Des Dialogs über die Freiheit des Willens

ENDE

---

26 Cicero, *Brutus* 51, 191
27 Vgl. Cicero, *Ad familiares* 15, 4, 11

## Bibliographie

Angeleri, Carlo (1952), *Il problema religioso del Rinascimento*. Storia della critica e bibliografia, Florenz.
Agricola, Rudolph (1967), *De inventione dialectica*, ed. Alradus Amstelredamus, Köln 1539, Reprint Nieuwkoop.
Aristoteles (1958), *Kategorienlehre/Lehre vom Satz*, dt. v.E. Rolfes, Hamburg.
Aristoteles (1961), *Poetik*, dt. v. O. Gigon, Stuttgart.
Aristoteles (1965), *Ars poetica*, ed. R. Kassel, Oxford.
Aristoteles (1975), *Lehre vom Beweis oder Zweite Analytik*, dt. v. E. Rolfes, hg. v. O. Höffe, Hamburg.
Barozzi, L./Sabbadini, R. (1891), *Studi sul Panormita e sul Valla*, Florenz.
Blumenberg, Hans (1966), *Die Legitimität der Neuzeit*, Frankfurt.
Boethius, Anicius Manlius Severinus (1957), *Philosophiae Consolatio*, ed. L. Bieler, Turnhout.
Boethius (o.J.), *Trost der Philosophie*, dt. v. K. Büchner, Bremen.
Bottin, Francesco (1982), *La scienza degli occamisti*, Rimini.
Bruyère, Nelly (1984), *Méthode et dialectique dans l'oeuvre de la Ramée*, Paris.
Buck, August (Hg.) (1969), *Zu Begriff und Problem der Renaissance*, Darmstadt.
Burckhardt, Jacob (1860), *Die Kultur der Renaissance in Italien*, Basel.
Calvin, Johannes (1931), „Institutio Christianae religionis" (1559), edd. P. Barth/G. Niesel, in: *Opera selecta*, Bd. 4, München.
Camporeale, Salvatore (1972), *Lorenzo Valla. Umanesimo e teologia*, Florenz.
Carré, Meyrich H. (1950), *Realists and Nominalists*, Oxford.
Cassirer, Ernst (1969), *Individuum und Kosmos in der Philosophie der Renaissance* Leipzig 1927, [2] Darmstadt.
Denifle, H./Chatelain, A. (Edd.) (1964), *Chartularium Universitatis Parisiensis*, Bd. I, Paris 1899, Reprint Brüssel.
Courcelle, P. (1939), „Étude critique sur les commentaires de la consolation de Boèce (IXe–XVe siècle), in: *Archives d'Histoire Doctrinale et Littéraire du Moyen Âge* 12, 5–140.
Dilthey, Wilhelm (1970), *Weltanschauung und Analyse des Menschen seit Renaissance und Reformation* (1913) [9] Göttingen.
Düring, Ingemar (1954) „Von Aristoteles bis Leibniz. Einige Hauptlinien des Aristotelismus", in: *Antike und Abendland* 4, 118–154.
Erasmus von Rotterdam (1962), „De libero Arbitrio", in: *Opera*, ed. Joh. Clericus, Leiden 1706, Reprint Hildesheim, Bd. IX.
Ferguson, Wallace K. (1948), *The Renaissance in Historical Thought*. Five Centuries of Interpretation, Boston.
Fiske, Willard (1888), *Francis Petrarch's Treatise De remediis utriusque fortunae*. Text and Versions, Florenz.
Flasch, Kurt (Hg.) (1982), *Mittelalter* (Geschichte der Philosophie in Text und Darstellung 2) Stuttgart.
Fois, Mario (1969), *Il pensiero cristiano di Lorenzo Valla nel quadro storico – culturale del suo ambiente*, Rom.
Gadamer, Hans Georg (1974) „Hermeneutik", in: *Historisches Wörterbuch der Philosophie*, hg. v. J. Ritter, Bd. 3, 1061–1073, Darmstadt.
Gaeta, Franco (1955), *Lorenzo Valla. Filologia e storia nell'Umanesimo italiano*, Neapel.
Garin, Eugenio (Hg.) (1952) *Prosatori latini del Quattrocento*, Mailand/Neapel.
Garin, Eugenio (1961), „Alle origini rinascimentali del concetto di filosofia scolastica", in: E.G., *La cultura filosofica del Rinascimento italiano*, Florenz, 466–480.
Garin, Eugenio (1978) *Storia della filosofia italiana*, Bd. 1, Turin.

Garin, Eugenio (1980), *Medioevo e Rinascimento*, Bari.
Gerl, Hanna-Barbara (1974), *Rhetorik als Philosophie. Lorenzo Valla*, München.
Grassi, Ernesto (1980), *Rhetoric as Philosophy. The Humanist Tradition*, University Park/London.
Grassi, Ernesto (1986), *Einführung in philosophische Probleme des Humanismus*, Darmstadt.
Hochstetter, Erich (1950), „Viator mundi. Einige Bemerkungen zur Situation des Menschen bei Wilhelm von Ockham", in: *Franziskanische Studien* 32, 1–20.
Huizinga, Johan (1928) *Erasmus*, dt. v. W. Kaegi, Basel.
Jardine, Lisa (1977), „Lorenzo Valla and the Intellectual Origins of Humanist Dialectics", in: *Journal of the History of Philosophy* 15, 143–164.
Jardine, Lisa (1981), „Dialectic or Dialectical Rhetoric? Agostino Nifo's Criticism of Lorenzo Valla", in: *Rivista critica di storia della filosofia* 36, 253–270.
Jasinowski, B. (1972) „Leibniz und der Übergang der mittelalterlichen in die moderne Philosophie", in: *Studia Leibnitiana* 4, 253–263.
Kant, Immanuel (1787) *Kritik der reinen Vernunft*, ²Riga.
Kelley, Donald R. (1970) *Foundations of Modern Historical Scholarship*. Language, Law and History in the French Renaissance, New York.
Keßler, Eckhard (1978), *Petrarca und die Geschichte*. Geschichtsschreibung, Rhetorik, Philosophie am Übergang vom Mittelalter zur Neuzeit, München.
Keßler, Eckhard (1979), „Humanist Thought: A Response to Scholastic Philosophy", in: *Res Publica Litterarum* 2, 149–166.
Keßler, Eckhard (1980), „Freiheit des Willens in Vallas ‚De libero arbitrio' ", in: *Acta Conventus Neolatini Turonensis*, ed. J.-Cl. Margolin, Paris, 637–647.
Keßler, Eckhard (1981a), „De significatione verborum. Spätscholastische Sprachtheorie und humanistische Grammatik", in: *Res Publica Litterarum* 4, 285–313.
Keßler, Eckhard (1981b), „Historia magistra vitae. Zur Rehabilitation eines überwundenen Topos", in: R. Schörken (Hg.), *Der Gegenwartsbezug der Geschichte*, Stuttgart, 11–33.
Keßler, Eckhard (1983), „Die Ausbildung der Theorie der Geschichtsschreibung im Humanismus und in der Renaissance unter dem Einfluß der wiederentdeckten Antike", in: A. Buck (Hg.),*Die Antike-Rezeption in den Wissenschaften während der Renaissance*, Weinheim, 29–49.
Kilgour, R. (1925),*The Gospel in Many Years*, London.
Kristeller, Paul Oskar (1948), *The Renaissance Philosophy of Man*, Chicago.
Kristeller, Paul Oskar (1974/1976), *Humanismus und Renaissance*, 2 Bde., München.
Kristeller, Paul Oskar (1974), *Medieval Aspects of Renaissance Learning*, ed. E.P. Mahoney, Durham, North Carolina.
Kristeller, Paul Oskar (1979), *Renaissance Thought and its Sources*, ed. M. Mooney, New York.
Kristeller, Paul Oskar (1986), *Eight Philosophers of the Italian Renaissance*, Stanford 1964, dt. v. E. Blum *(Acht Philosophen der italienischen Renaissance)* Weinheim.
Leff, Gordon (1976), *The Dissolution of the Medieval Outlook*. An Essay on the Intellectual and Spiritual Change in the Fourteenth Century, New York.
Leibniz, Gottfried Wilhelm (1968), *Die Theodizee*, dt. v. A. Buchenau, Hamburg.
Lombardus, Petrus (1916), *Libri Quatuor Sententiarum*, 2 Bde., Quaracchi.

Luther, Martin (1908), „De servo arbitrio" (1525), in: *Werke*, Bd. 18, Weimar.
Luther, Martin (1912/1913/1919), *Tischreden*, Bd. 1; 2; 5, Weimar.
Mancini, Girolamo (1891),*Vita di Lorenzo Valla*, Florenz.
Melanchthon, Philipp (1846), „Liber de anima" (1553), in: *Corpus Reformatorum*, ed. Bretschneider, Bd. 13, Halle.
Melanchthon, Philipp (1961), *Werke in Auswahl*, Bd. 3, ed. R. Nürnberger, Gütersloh.
Meyer, R. (1967),,,Leibniz und die philosophia perennis", in: *Tradition und Kritik. Festschrift R. Zocher*, Stuttgart-Bad Cannstatt, 237–249.
Napoli, Giovanni di (1971), *Lorenzo Valla. Filosofia e religione nell'Umanesimo italiano*, Rom.
Normore, Calvin (1982), „Future Contingents", in: *The Cambridge History of Later Medieval Philosophy*, edd. Kretzmann/Kenney/Pinborg, Cambridge, 358–382.
Ockham, Wilhelm von (1957), „Expositio super VIII libros Physicorum Aristotelis, Prologus", ed. Ph. Boehner, in: W.O., *Philosophical Writings*, London, 2–16.
Ockham, Wilhelm von (1967), *Scriptum in Librum primum Sententiarum, Prologus et Distinctio prima*, edd. G. Gàl/St. Brown (Opera theologica I) St. Bonaventure, N.Y.
Ockham, Wilhelm von (1974), *Summa logicae*, edd. Ph. Boehner/G. Gàl/St. Brown (Opera philosophica I), St. Bonaventure, N.Y.
Ockham, Wilhelm von (1978), *Expositio in librum Perihermeneias*, edd. A. Gambatese/St. Brown (Opera philosophica II), St. Bonaventure, N.Y.
Ockham, Wilhelm von (1980), *Quodlibeta septem*, ed. J.–C. Wey, (Opera theologica IX), St. Bonaventure, N.Y.
Ockham, Wilhelm von (1984a), *Texte zur Theorie der Erkenntnis und der Wissenschaft*, lt./dt. ausgew. und übers. v. R. Imbach, Stuttgart.
Ockham, Wilhelm von (1984b), *Summe der Logik*, lt./dt., ausgew. und übers. v. P. Kunze, Hamburg.
Otto, Stephan (Hg.) (1984), *Renaissance und frühe Neuzeit*, (Geschichte der Philosophie in Text und Darstellung 3) Stuttgart.
Panizza Lorch, Maristella de (1985), *A Defense of Life. Lorenzo Valla's Theory of Pleasure*, München.
Pastor, Ludwig von (1885), *Geschichte der Päpste seit dem Ausgang des Mittelalters*, Bd. 1, Freiburg i.Br.
Petrarca, Francesco (1906), *De sui ipsius et multorum ignorantia*, ed. L.M. Capelli, Paris.
Petrarca, Francesco (1910), *Briefe und Gespräche*, dt. v. H. Hefele, Jena.
Petrarca, Francesco (1945), *Rerum memorandarum libri*, ed. G. Billanovich, Florenz.
Petrarca, Francesco (1964), *De viris illustribus*, ed. G. Martellotti, Florenz.
Petrarca, Francesco (1965), „De remediis utriusque fortunae", in: *Opera omnia*, Basel 1554, Reprint Ridgewood N.J.
Petrarca, Francesco (1975),*De remediis utriusque fortunae*, lt./dt., ausgew. und übers. von R. Schottlaender, München.
Pieper, Josef (1978), *Scholastik. Gestalten und Probleme der mittelalterlichen Philosophie*, München.
Quintilian (1959),*Institutio oratoria*, ed. L. Radermacher, 2 Bde., Leipzig.
Reiners, Josef (1910), *Der Nominalismus in der Frühscholastik*, Münster.
Renan, Ernest (1867), *Averroés et l'Averroisme*, Paris.
Rice, Eugen F. (1958), *The Renaissance Idea of Wisdom*, Cambridge, Mass.
Sabbadini, Remigio (1891), „Cronologia documentata della Vita di Lorenzo della Valle, detto il Valla", in: L. Barozzi/R. Sabbadini, *Studi sul Panormita e sul Valla,* Florenz, 49–148. (Reprint in: Valla (1962) II, 355–454).

Saitta, Giuseppe (1961), *L'Umanesimo*, Florenz, 258–266.
Salutati, Coluccio (1891–1905), *Epistolario*, ed. F. Novati, 4 Bde., Rom.
Schmidt-Biggemann, Wilhelm (1983), *Topica universalis*. Eine Modellgeschichte humanistischer und barocker Wissenschaft, Hamburg.
Schmitt, Charles B. (1966), „Perennial Philosophy: From Agostino Steuco to Leibniz", in: *Journal of the History of Ideas* 27, 505–532.
Scotus, Johannes Duns (1968), „Quaestiones in Librum primum Sententiarum", in: *Opera omnia*, ed. Wadding, Lyon 1639, Reprint Hildesheim, Bd. V, 2.
Spaemann, Robert u.a. (1972), „Freiheit", in: *Historisches Wörterbuch der Philosophie*, hg. v. J. Ritter, Bd. 2, Darmstadt.
Steenbergen, Fernand van (1955), *Aristotle in the West*, Louvain.
Thomas von Aquin (1926) *Summa theologica*, Paris.
Thorndyke, Lynn (1944), *University Records and Life in the Middle Ages*, New York.
Toffanin, Giuseppe (1941), *Geschichte des Humanismus*, dt. v. L. Sertorius, Amsterdam.
Trinkaus, Charles (1949), „The Problem of Free Will in the Renaissance and the Reformation", in: *Journal of the History of Ideas* 10, 51–62.
Trinkaus, Charles (1970), *In Our Image and Likeness. Humanity and Divinity in Italian Humanist Thought*, 2 Bde., Chicago.
Trinkaus, Charles (1974), Rezension von Fois (1969) und Camporeale (1972) in: *Renaissance Quaterly* 27, 43–45.
Valla, Lorenzo (1505), *In Novum Testamentum ex diversorum utriusque linguae codicum collatione adnotationes*, ed. D. Erasmus, Paris.
Valla, Lorenzo (1551), *Elegantiarum Latinae Linguae libri sex*, Lyon.
Valla, Lorenzo (1934), *De libero arbitrio*, ed. M. Anfossi, Florenz.
Valla, Lorenzo (1948), „Dialogue on Free Will", engl. Übers. v. Ch. Trinkaus, in: Cassirer/Kristeller/Randall (Hg.), *The Renaissance Philosophy of Man*, Chicago, 155–182.
Valla, Lorenzo (1952), „De libero arbitrio/Il libero arbitrio", lt./it. hg. v. E. Garin, in: E. Garin, *Prosatori latini del Quattrocento*, Mailand/Neapel, 524–565.
Valla, Lorenzo (1953), „Dialogo intorno al libero arbitrio", ital. Übers. v. G. Radetti, in: Lorenzo Valla, *Scritti filosofici e religiosi*, Florenz.
Valla, Lorenzo (1962), *Opera omnia*, Basel 1540, Reprint (erweitert) Turin.
Valla, Lorenzo (1970a), *Collatio Novi Testamenti* (1440–1442), ed. A. Perosa, Florenz.
Valla, Lorenzo (1970b), *De vero falsoque bono*, ed. M. de Panizza Lorch, Bari.
Valla, Lorenzo (1973), *Gesta Ferdinandi Regis Aragonum*, ed. O. Besomi, Padua.
Valla, Lorenzo (1975), *De falso credita et ementita Constantini donatione*, ed. W. Setz, in: W. Setz, Lorenzo Vallas Schrift gegen die Konstantinische Schenkung, Tübingen.
Valla, Lorenzo (1978), *Antidotum primum. La prima apologia contro Poggio Bracciolini*, ed. A. Wesseling, Assen.
Valla, Lorenzo (1982), *Repastinatio dialectice et philosophie*, ed. G. Zippel, 2 Bde., Padua.
Valla, Lorenzo (1983), *Dialogue sur le libre arbitre*, ed. et trad. par J. Chomarat, Paris.
Vasoli, Cesare (1968), *La dialettica e la retorica dell'Umanesimo*. ‚Invenzione' e ‚Metodo' nella cultura del XV e XVI secolo, Turin.
Voltaire, F.M.A. (1959), *Candide ou l'optimisme*, Paris.
Waswo, R. (1977), „The ‚Ordinary Language Philosophy' of Lorenzo Valla", in: *Bibliothèque d'Humanisme et Renaissance* 41, 255–271.
Wolff, Max von (1893), *Lorenzo Valla. Sein Leben und seine Werke*, Leipzig.